新丝路·语言

博雅

हिन्दी पाठ्यपुस्तक

印地语基础教程

（第二版）

第一册

金鼎汉　唐仁虎　编著

北京大学出版社
PEKING UNIVERSITY PRESS

图书在版编目（CIP）数据

印地语基础教程. 第一册 / 金鼎汉，唐仁虎编著. —2 版. —北京：北京大学出版社，2018.6

（新丝路·语言）

ISBN 978-7-301-29559-5

Ⅰ. ①印… Ⅱ. ①金… ②唐… Ⅲ. ①印地语—高等—学校—教材 Ⅳ. ① H712

中国版本图书馆 CIP 数据核字 (2018) 第 101457 号

书　　名	印地语基础教程（第二版）（第一册） YINDIYU JICHU JIAOCHENG
著作责任者	金鼎汉　唐仁虎　编著
责任编辑	严　悦
标准书号	ISBN 978-7-301-29559-5
出版发行	北京大学出版社
地　　址	北京市海淀区成府路 205 号　100871
网　　址	http://www.pup.cn　　新浪微博：@ 北京大学出版社
电子邮箱	编辑部 pupwaiwen@pup.cn　总编室 zpup@pup.cn
电　　话	邮购部 010-62752015　发行部 010-62750672　编辑部 010-62754382
印刷者	北京虎彩文化传播有限公司
经销者	新华书店
	650 毫米 ×980 毫米　16 开本　16.75 印张　230 千字 1992 年 5 月第 1 版 2018 年 6 月第 2 版　2024 年 12 月第 4 次印刷（总第 5 次印刷）
定　　价	55.00 元

未经许可，不得以任何方式复制或抄袭本书之部分或全部内容。
版权所有，侵权必究
举报电话：010-62752024　电子邮箱：fd@pup.cn
图书如有印装质量问题，请与出版部联系，电话：010-62756370

第二版前言

《印地语基础教程》(1—4册)于1992年5月出版,至今已有26年,可谓是一套"有故事"的教程。所谓"有故事",一是该书"老"。写就于1991年11月的"前言"称,该书完稿于1988年,打印成讲义试用;其实不然,我1985年入学时使用的就是这套教程,记得是油印的厚厚的讲义,A4大小,装订不太美观。所以,在1988年之前该套教程已经试用过了。这样算来,这套教程起码已有30多年的历史。二是参与编写者众。版权页有金鼎汉、马孟刚、唐仁虎和张双鼓等四位老师,"前言"中提及了殷洪元、刘安武、彭正笃、李晓岚和张德福等五位老师,另有印度专家古普塔先生,还有没有提到名字的其他老师。当时中国只有北京大学一所高校教授印地语,相关老师自然十分看重这套教程,都愿意为之添砖加瓦。三是使用学生多。从1985年到2017年,北京大学印地语专业一直使用这套教材,1985级学生现已50多岁,2017级学生刚刚20岁左右,可见该套教程影响了多少代学人!

一套教材使用30余年而不衰,有"新书未出"之原因,更有暂无匹敌之理由。几十年来,我们从未产生过必须更换这套教程的念头。在教学过程中,也会发现某些错漏,比如个别地方打印有错、个别提法稍嫌过时等,但总体不违和,教程的时代气息并不陈腐。这套教程的经典性和权威性可见一斑。实际上,这套教程凝聚了中国几代印地语学人的学识，饱含中国最具事业心的第一、第二代学人的精神。中国的印地语开设于 1942 年，殷洪元先生 1945 年入学，而后留校任教，该书有他的贡献；刘安武先生 1951 年春入学，而后留校任教，该书有他的心血；金鼎汉和马孟刚两位先生 1951 年秋入学，该书是他们最为重要的成果。所以，该套教程可谓中国印地语的瑰宝，是"压箱底"之作，其光辉不因时间而消失。

综上，这套教程经典意义和实用价值并存。自 2000 年以来，这套教程就已不见于市场，学生一直使用复印本，大有穷酸之嫌。如今，北京大学出版社决定再版，以飨教者和学者。这是一件大好事。

旧版经典，新版不改。不过，相比旧版，新版仍有些许变化：其一，改错，原有的打印错漏，或词性，或拼写，都已纠正；其二，个别说法已然过时，比如教程中的"苏联"等，新版已改为"俄罗斯"；其三，个别数据早已不确，比如中国的人口数量等，新版也已换成新值；其四，增加配套录音，以二维码形式为载体。此外，旧版是老式打字机打印出来的，难免有涂改不清和油墨深浅不一之处，排版也有不整齐不统一的地方，新版采用电脑打印，避免了诸多缺失，为"经典"进行了美观化处理。

再版不是重印，有很多工作需要完成。首先是打印排版，其次是校对、纠错，还有联络协调等工作，这方面，姜永红老师最为辛苦，李亚兰老师、王靖老师、赖微、胡钧杰同学也付等出了时间和精力，感谢他们！感谢所有为再版工作付出辛劳的人！

姜景奎

北京燕尚园

2018 年 5 月 29 日

目 录

语音导论……………………………………………………1
第一课　पहला पाठ ……………………………………………6
第二课　दूसरा पाठ……………………………………………11
第三课　तीसरा पाठ…………………………………………16
第四课　चौथा पाठ ……………………………………………22
第五课　पाँचवाँ पाठ …………………………………………28
第六课　छठा पाठ ……………………………………………37
第七课　सातवां पाठ …………………………………………45
第八课　आठवां पाठ…………………………………………53
第九课　नौवां पाठ ……………………………………………61
第十课　दसवां पाठ ……………………………………………69
第十一课　ग्यारहवां पाठ ………………………………………78
第十二课　बारहवां पाठ ………………………………………86
第十三课　तेरहवां पाठ ………………………………………99
第十四课　चौदहवां पाठ ……………………………………110

1

第十五课　पंद्रहवां पाठ ……………………………………… 122

第十六课　सोलहवां पाठ ………………………………………… 138

第十七课　सत्रहवां पाठ ………………………………………… 151

第十八课　अठारहवां पाठ ……………………………………… 163

第十九课　उन्नीसवां पाठ ……………………………………… 176

第二十课　बीसवां पाठ …………………………………………… 189

第二十一课　इक्कीसवां पाठ …………………………………… 202

第二十二课　बाईसवां पाठ ……………………………………… 214

总词汇表 ……………………………………………………………… 226

语音导论

🌸 语音的重要性

语言是人类交际工具。人们使用语言进行交往,交流思想感情。语言包括三个方面——语音、词汇和语法。如果说词汇是语言的零件,语法是把这些零件组合起来的规则,语音则是语言赖以存在的物质形式。词汇和语法只有通过语音体现出来才会成为活的语言。

学好发音是学习外语十分重要的一步。只有学好发音,才能以正确的形式把所学的语言材料储存在脑子里,使其重现,从而建立正确的语感,更好地掌握词汇和语法,提高语言实际运用的能力。

🌸 发音器官

语音是由肺部呼出的气流经过发音器官的调节而形成的。为了学好语音,不仅需要认真模仿,而且必须在了解发音器官各部位作用的基础上,遵循发音的原理反复练习。发音器官的构造及各部位的名称如图所示。

学习印地语语音时，要特别注意唇、舌、声带、软腭等各部位位置和形状的变化。

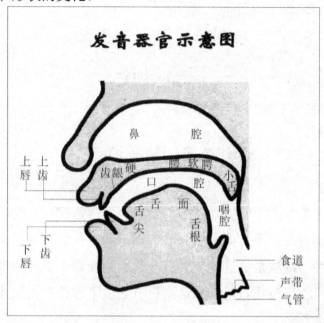

🪷 音素

音素是语音的最小单位。如汉语的"巴""妈""拉""哈"等字，都由两部分组成，开头的音分别是"b""m""l""h"，结尾的音相同，都是"a"，"b""m""l""h"和"a"都是音素。印地语标准语共有五十四个音素。

印地语里有少数字母不只代表一个音素，有少数几个音素也可以用不同的字母来表示。

元音和辅音

印地语的语音分为元音和辅音两大类。

1. 元音：气流通过口腔时，不受任何阻碍而发出的音叫做元音。印地语共有十一个元音，此外，现代印地语中还有一个英语语音亦列入元音一类。印地语的元音依舌位的前后可分为前元音、中元音和后元音；依双唇的开放程度可分为圆唇元音和非圆唇元音；依发音时口腔的开度可分为闭元音、半闭元音、半开元音和开元音；依发音时间的长短可分为短元音和长元音；依发音时发音器官的松紧可分为松元音和紧元音；依气流通道可分为口元音和鼻元音；依发音过程中能否听到音质的变化可分为单元音和复合元音。

2. 辅音：气流通过口腔时，受阻碍而发出的音叫做辅音。印地语有四十三个辅音。辅音依发音部位可分为双唇音、唇齿音、舌尖齿音、舌尖齿龈音、舌尖硬腭音、前舌面硬腭音、后舌面软腭音、喉音和小舌音；依发音方法可分为塞音、擦音、塞擦音、鼻音和边音；依发音时声带是否振动可分为清辅音和浊辅音；依气流的强弱可分为送气音和非送气音。

印地语的四十三个辅音中包括两个半元音。半元音指的是介于元音和辅音之间的音，具有元音的性质，又具有辅音的功能，因此称为半元音。

音节

词由音节组成。一个词至少有一个音节，音节是最小的语音单位。一般说来，印地语里一个音节包含一个元音，或者一个元音和一个或数个辅音。印地语的文字基本上是音节文字。由于每个辅音中都有元音，所以几乎每个字母都可以成一个音节。印地语的音节有 4 种类型：

1. 秃首音节：以元音开头的音节叫秃首音节。如：ईख्, अब्, आम 等。

2. 非秃首音节：以辅音开头的音节叫非秃首音节。如：जल, कम 等。

3. 开音节：以元音结尾的音节叫开音节，如：का, के, की 等。

4. 闭音节：以辅音结尾的音节叫闭音节，如：आज्, आप्, आग् 等。

字母

字母是拼音文字最小的书写单位。一般说来，印地语有四十四个字母。此外还有七个带点的辅音字母，但是一般不单独算作字母，在词典中亦不单独列出，而与同形不带点的字母排列在一起。另外，还有两个辅音符号，分别代表不同的辅音，只以符号的形式在单词中出现，因此也不在字母表中列出。印地语所用的字母是天城体（देवनागरी）。

附：字母表

अ	आ	इ	ई	उ	ऊ
ऋ	ए	ऐ	ओ	औ	
क	ख	ग	घ	ङ	
च	छ	ज	झ	ञ	
ट	ठ	ड	ढ	ण	
त	थ	द	ध	न	
प	फ	ब	भ	म	
य	र	ल	व		
श	ष	स	ह		

第一课　पहला पाठ

语音　元音字母 **अ** 的读音及符号“्”

元音字母 **आ** 的读音及书写符号“ा”

辅音字母 **क**、**ख**、**ग**、**घ**、**ङ** 的读音

书写规则

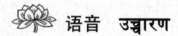

语音　उच्चारण

1. 元音字母 अ 的读音及符号“्”

अ（a）半开、中、非圆唇、短、松元音

发音时唇微开，呈扁平自然松弛状态，舌中部略向上抬起。

印地语中元音字母一般都有书写符号。元音单独或在辅音前成音节时，书写中记原形；在辅音后与该辅音构成音节时，书写中记符号。अ 是印地语元音字母中唯一没有书写符号的字母。它和辅音拼写，就用字母表中的辅音字母形式。这就是说，一个辅音字母代表了一个辅音和一个元音 अ。在辅音字母里去掉元音 अ，剩下的音才是这个辅音字母的音，书写时在这个辅音字母下面加

上去元音符号“्”，表示这个辅音字母里没有元音 अ。

2. 元音字母 आ 的读音及书写符号“ा”

आ（ā）开、后、长、紧、非圆唇元音

发音时口腔张大，双唇呈自然状态，开度比发其他任何元音都大，舌后部略抬起，发音器官略紧张。

आ 在辅音之后与该辅音构成音节时，用书写符号“ा”，写在该辅音的右边。

3. 辅音字母 क、ख、ग、घ、ङ 的读音

क、ख、ग、घ、ङ 的发音具有共同的特点：舌后部抬起，贴住软腭，形成阻塞，与此同时小舌上升，封住鼻腔通道。气流冲出时，舌后部松开，爆破成音。

क（ka）清、非送气、软腭塞音

发音时气流较弱，声带不振动。

ख（kha）清、送气、软腭塞音

发音时气流较强，但声带不振动。

ग（ga）浊、非送气、软腭塞音

发音时声带振动，但气流较弱。

घ（gha）浊、送气、软腭塞音

发音时声带振动，气流亦较强。

ङ（naa）浊、非松气、软腭鼻塞音

发音时小舌下垂，鼻腔开放，同时舌后部抬起贴住软腭。气流冲出时，舌后部松开，小舌下垂，部分气流从鼻腔流出形成鼻音。发音时声带振动，但气流较弱。

书写规则　लेखन विधि

印地文的书写规则是从左至右，自下而上。所谓自下而上，是指先写字母横线下面的部分，然后写横线，最后写横线上面的部分。印地文的书写由于符号较多，少一点或多一点就有可能成为另一个词，因此需特别注意。

练习　अभ्यास

1. 朗读并记住下面的单词：

    आग（阴）火，火焰

    आगा（阳）前部

    का（后）通常表示所属关系或者种类

    काका（阳）叔父，伯父

2. 对照录音反复练习本课所学的字母的读音。

3. 拼读下面的语音：

	अ	आ
क्	क	का
ख्	ख	खा
ग्	ग	गा
घ्	घ	घा

	क्	ख्	ग्	घ्
का	काक्	काख्	काग्	काघ्
खा	खाक्	खाख्	खाग्	खाघ्
गा	गाक्	गाख्	गाग्	गाघ्
घा	घाक्	घाख्	घाग्	घाघ्

अ	आ	
अक्	आक्	क्
अख्	आख्	ख्
अग्	आग्	ग्
अघ्	आघ्	घ्

	का	खा	गा	घा
क्	कका	कखा	कगा	कघा
ख्	खका	खखा	खगा	खघा
ग्	गका	गखा	गगा	गघा
घ्	घका	घखा	घगा	घघा

4. 书写练习：

（1）按笔顺将下列字母抄写五遍，要求正确美观。

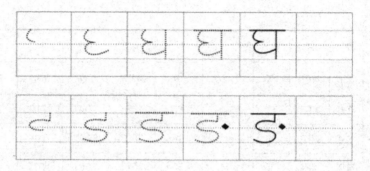

（2）抄写练习1和3。

5. **将下面的字母拼写成音组：**

   अ + ग् + आ ＝

   आ + क् + आ ＝

   घ् + आ + घ ＝

   क् + आ + ग ＝

   ख् + आ + क् + आ ＝

6. **朗读并听写下列音组：**

   आखा　　घाघ्　　आका　　अख्　　काग्

   कका　　खागा　　खका　　आघ्　　गाघ्

第二课　दूसरा पाठ

> 语音　元音字母 इ、ई 的读音及书写符号 "ि" "ी"
> 辅音字母 च、छ、ज、झ、ञ 的读音
> 读音规则（一）

语音　उच्चारण

1. 元音字母 इ、ई 的读音及书写符号

इ（i）闭、前、非圆唇、短、松元音

发音时双唇舒展，口微张，舌前部略抬起，舌头肌肉放松。इ 音短促，是印地语中最短的元音。

इ 在辅音后与该辅音构成音节时，书写时用符号 "ि"，写在该辅音字母的左方。例如它与 "क" 构成音节时写成 "कि"。

ई（ī）（ee）闭、前、非圆唇、长、紧元音

发音时双唇舒展，略向后拉，口腔微张，舌前部高高抬起，接近硬腭，发音器官比发 इ 时紧张。声音较长，比元音 इ 约长一倍。

ई 在辅音后与该辅音构成音节时，书写中用符号“ी”，写在该辅音的右方。例如它与“क”构成音节时写成“की”。

2. 辅音字母 च、छ、ज、झ、ञ 的读音

च、छ、ज、झ、ञ 的发音的共同特点是：发音时舌前部抬起，与齿龈的后部和硬腭的前部接触，气流冲出时舌前部松开气流从口腔流出，摩擦成音。

च（cha）清、非送气、硬腭塞擦音

发音时声带不振动，气流较弱。

छ（chha）清、送气、硬腭塞擦音

发音时声带不振动，但是气流较强。

ज（ja）浊、不送气、硬腭塞擦音

发音时声带振动，但气流较弱。

झ（jha）浊、送气、硬腭塞擦音

发音时声带振动，气流亦较强。

ञ（nga）浊、非送气、硬腭塞擦鼻音

ञ 的发音部位和 ज 相同，但发音时小舌下垂，鼻腔开放，部分气流自鼻腔流出，形成鼻音。这个音在词首和词尾均不出现，而只在 च、छ、ज、झ 的前面出现，书写中常用符号“ं”来代替，写在前一个辅音字母的上面，例如：

क्+ ञ् + ज ＝कञ्ज＝कंज

3. 读音规则（一）

（1）印地语的单词中单个辅音字母若在词首，读时必须带元音 अ。

（2）印地语的单词中单个辅音字母若在词尾，读时都不带元音 अ，书写中下面一般不带去元音符号"्"。例如：आग 不写成 आग्。

练习 अभ्यास

1. 朗读并记住下列单词：

चाचा（阳）叔叔，伯父

झिझक（阴）犹豫

चाची（阴）婶母，伯母

जी（阳）先生（用在名字、官衔、称呼的后面，表示尊重）

आज（副）今天

छाज（阳）簸箕

खाई（阴）沟，壕沟

घी（阳）酥油

काकी（阴）婶母，伯母

2. 对照录音反复练习本课所学的字母的读音。

3. 拼读下面的读音：

	इ	ई	अ	आ
च्	चि	ची	च	चा
छ्	छि	छी	छ	छा
ज्	जि	जी	ज	जा
झ्	झि	झी	झ	झा

	क्	ख्	ग्	घ्
चा	चाक	चाख	चाग	चाघ
छा	छाक	छाख	छाग	छाघ
जा	जाक	जाख	जाग	जाघ
झा	झाक	झाख	झाग	झाघ

	इ	ई	अ	आ
क्	कि	की	क	का
ख्	खि	खी	ख	खा
ग्	गि	गी	ग	गा
घ्	घि	घी	घ	घा

	च्	छ्	ज्	झ्
का	काच	काछ	काज	काझ
खा	खाच	खाछ	खाज	खाझ
गा	गाच	गाछ	गाज	गाझ
घा	घाच	घाछ	घाज	घाझ

4. 按照读音规则朗读下列音组并听写：

काज जग जई झाग चाक चजी छाका

छाक छाज छाग छाच गाच काच खाच

झक झच झाग झाज गाछ खाच खाज

जाग जाज जाघ जाछ कचा खचा गजा

घगा चचा छजा जगा झग छज चक

5. 书写练习：

（1）按照笔顺抄写五遍下列字母，要求正确美观。

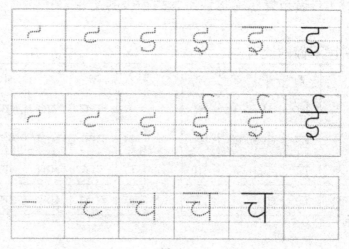

第二课 दूसरा पाठ

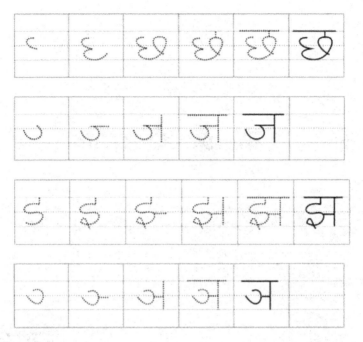

(2) 抄写练习 1 和 4。

6. 将下面的字母（音符）拼写成音组：

ज् + ई + ज् + आ =

च् + ई + ख =

झ् + इ + झ् + अ + क =

क् + इ + च + क् + इ + च =

第三课 तीसरा पाठ

语音	元音字母 उ、ऊ 的读音及书写符号 "ु" "ू"
	辅音字母 त、थ、द、ध、न 的读音
	读音规则（二）

语音 उच्चारण

1．元音字母 उ、ऊ 的读音及书写符号

उ（u）闭、后、短、松、圆唇元音

发音时舌后部抬起，稍往后拉，口腔微开，双唇撮敛，呈扁圆形，略向前伸，声音短促。

उ 在辅音字母后与辅音构成音节时，书写时用符号 "ु"，一般写在该辅音字母的下面。例如：

क् + उ = कु   ख् + उ = खु

ऊ（ū）（oo）闭、后、长、紧、圆唇元音

发音时舌后部抬得比发 उ 略高，接近软腭，稍往后拉，口腔微开，双唇撮敛，比发 उ 时收缩得更小，更向前突出，呈圆形，

声音较长，约相当于 उ 的两倍。

ऊ 在辅音字母后面与该辅音构成音节时，书写中用符号 "ू"，一般写在该辅音字母的下面。例如：

क् + ऊ = कू　　　ख् + ऊ = खू

2. 辅音字母 त、थ、द、ध、न 的读音

त、थ、द、ध、न 的发音部位相同：发音时舌尖顶住上齿背及齿龈，气流冲出时，舌尖迅速松开；爆破成音。

त（ta）清、塞、非送气、舌尖齿龈音

发音时，声带不振动，气流较弱。

थ（tha）清、塞、送气、舌尖齿龈音

发音时，声带不振动，但气流较强。

द（da）浊、塞、非送气、舌尖齿龈音

发音时声带振动，但气流较弱。

ध（dha）浊、塞、送气、舌尖齿龈音

发音时声带振动，气流较强。

न（na）浊、非送气、舌尖齿龈鼻音

发音时双唇微开，舌尖贴住齿龈，小舌下垂，鼻腔开放，气流经鼻腔流出，舌尖与齿龈分开，形成鼻音。

3. 读音规则（二）

（1）印地语单词的最后一个音节如果是长元音，而倒数第二个音节又是辅音与元音 अ 构成，那么读的时候倒数第二个音节中的 अ 不读出，书写中不加去元音符号。例如：

इतना 读作 इत्ना

जागना 读作 जाग्‌ना

（2）印地语单词中，由四个辅音字母组成的单词，读时第二个和第四个音节中的 अ 不读出，书写中不加去元音符号。例如：

कचकच 读作 कच्‌कच्

झकझक 读作 झक्‌झक्

（3）印地语单词中，最后两个音节如果都是辅音与元音 अ 构成，那么读时倒数第二个音节中的 अ 要读出，例如：

कानन 读作 कानन्

आदत 读作 आदत्

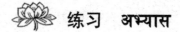

练习　अभ्यास

1. 朗读并背诵下面的句子：

तू आ।　　　　　तू खाना खा।

तू जा।　　　　　तू गाना गा।

2. 朗读并记住下列单词：

आना（不及）来

आधा（形）一半的

खाना（阳）食物，饭

खाना（及）吃

गाना（阳）歌，歌曲

गाना（及）唱，唱歌

चीनी（形）中国的；

（阳）中国人；

दादी（阴）祖母

दूध（阳）奶，牛奶

नदी（阴）河流

थकना（不及）疲倦，疲劳

थका（形）疲倦的，疲劳的

कुछ（形）一些，某些

नाचना（不及）跳舞

नाना（阳）外祖父

（阴）汉语　　　　　नानी（阴）外祖母

जाना（不及）去　　　तथा（连）和，同

दादा（阳）祖父　　　जूता（阳）鞋

तू（代）你（用于神、妻子、子女、小孩等，或者对对方不尊
　　重时）

3. 对照录音反复练习本课所学的字母的读音。

4. 朗读下面的音节：

(1) 注意长短元音的区别：

	उ	ऊ	अ	आ	इ	ई
त्	तु	तू	त	ता	ति	ती
थ्	थु	थू	थ	था	थि	थी
द्	दु	दू	द	दा	दि	दी
ध्	धु	धू	ध	धा	धि	धी
न्	नु	नू	न	ना	नि	नी

	उ	ऊ
क्	कु	कू
ख्	खु	खू
ग्	गु	गू
घ्	घु	घू

	उ	ऊ
च्	चु	चू
छ्	छु	छू
ज्	जु	जू
झ्	झु	झू

(2) 注意送气音和非送气音的区别：

त् —— त ता ति ती तु तू

थ् —— थ था थि थी थु थू

द् —— द दा दि दी दु दू

ध् —— ध धा धि धी धु धू

(3) 注意末尾的辅音字母的读音：

	त्	थ्	द्	ध्	न्
ता	तात	ताथ	ताद	ताध	तान
था	थात	थाथ	थाद	थाध	थान
दा	दात	दाथ	दाद	दाध	दान
धा	धात	धाथ	धाद	धाध	धान
ना	नात	नाथ	नाद	नाध	नान

5. 按照读音规则朗读下列单词并听写：

इनाद　　　इनान　　　आदत　　　आदतन　　　ईद

उचकना　　ऊन　　　　ऊख　　　　तन　　　　थान

दिन　　　　धन　　　　धान　　　　नाग　　　　थकना

6. 书写练习：

(1) 按笔顺抄写五遍下列字母，要求正确美观。

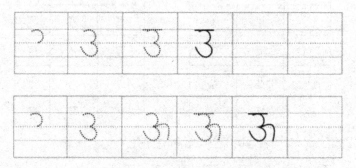

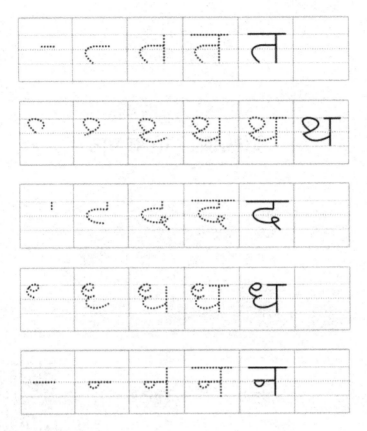

（2）抄写练习1和2。

7. 分析下面单词的读音，并说明每个词的读音符合什么读音规则：

（1）उचकना

（2）तथा

（3）जगना

（4）आदतन

第四课　चौथा पाठ

语音	元音字母ए、ऐ的读音及书写符号“◌े”“◌ै” 辅音字母प、फ、ब、भ、म的读音 复合辅音（一）
语法	动词不定式和动词根

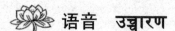

语音　उच्चारण

1. 元音字母ए、ऐ 的读音及书写符号

ए（e）半合、前、长、紧、非圆唇元音

发音时舌前部抬起，较接近硬腭，但比发 इ 或 ई 时略低，双唇亦比发 इ 或 ई 时更舒展。声音较长。

ए 在辅音字母之后与该辅音构成音节时，书写时用符号“◌े”，写在该辅音字母的上面。例如：क् + ए=के

ऐ（ai）半开、前、长、紧、复合元音

发音时先发 अ 的音，再迅速滑向元音 ए。अ 音较长，ए 音较短。

ऐ 在辅音字母后面与该辅音构成音节时，书写中用符号"ै"，写在该辅音字母的上面。例如：क् + ऐ = कै

2. 辅音字母 प、फ、ब、भ、म 的读音

प、फ、ब、भ、म 的发音具有共同的特点：发音时双唇闭住，形成阻碍，气流冲出，爆破成音。

प（pa）清、非送气、双唇塞音

发音时声带不振动，气流亦较弱。

फ（pha）清、送气、双唇塞音

发音时声带不振动，但气流较强。

ब（ba）浊、非送气、双唇塞音

发音时声带振动，但气流较弱。

भ（bha）浊、送气、双唇塞音

发音时声带振动，气流亦较强。

म（ma）浊、非送气、双唇鼻塞音

发音时闭住双唇，小舌下垂，部分气流自鼻腔流出，形成鼻音。发音时声带振动，但气流较弱。

3. 复合辅音（一）

（1）由两个或两个以上的辅音连在一起组成的音称为复合辅音。复合辅音的读音较复杂。书写时，复合辅音字母的写法因字母的形状不同而不同。

（2）复合辅音中，前面一个辅音字母的右面有直线（无论长短）者，在与后面的辅音复合时，书写中一般去掉右面的直线再与后面的辅音字母连写，例如：

त् + म = त्म，例词 आत्मा

（3）词中含有复合辅音的音节的前一个音节必须重读，例如：आजन्म 中的 ज 必须重读。

（4）两个相同的闭塞音、塞擦音（如 क्क、त्त、ग्ग、ज्ज 等）或者一个不送气的闭塞音和发音部位相同的一个送气的闭塞音（如 क्ख、ग्घ、च्छ、त्थ 等）复合，读时前面一个音不读出，但发音器官必须按发音方法动作，并稍有停顿，例如：读 कच्चा 时，前一个च् 不读出，读 अच्छा 时 च् 不读出，但舌前部要抬起，接近齿龈的后部硬腭的前部，略停片刻，到发后一个音时，气流才从口中流出。

（5）梵语词的词尾如是复合辅音，读时词末的辅音字母则带元音 अ。例如：आत्म，读时 म 就带元音 अ 的音。

语法　व्याकरण

动词不定式和动词根：

1. 动词不定式：未经变化的动词叫动词不定式。印地语动词不定式的标记是 ना，如 आना，जाना 都是动词不定式。词典中动词词条的条头，都是动词不定式，都带有 ना。

2. 动词根：动词变化时，不变的部分叫做动词根。印地语动词根是动词不定式去掉 ना。如 आना 和 जाना 里 आ 和 जा 就是动词根。

练习　अभ्यास

1. 朗读并背诵下面的句子：

आप आइए।　　　　　आप जाइए।

आप गाना गाइए।　　आप खाना खाइए।

तू पानी पी।　　तू एक बात बता।

2. 朗读并记住下列单词：

ऐनक（阳）眼镜

एकाएक（副）突然，忽然

आत्मा（阴）灵魂

आजन्म（副）终生

कच्चा（形）生的

अच्छा（形）好的

आत्म（形）自己的

पानी（阳）水

आप（代）您（用于长者、长辈、职位等比自己高的人，或对对方表示尊重时）

पीना（及）喝

एक（数）一

बात（阴）话，言语；事情

पिता（阳）父亲

पूछना（及）问，询问

पक्का（形）熟的，成熟了的

बताना（及）说，告诉

बच्चा（阳）小孩，婴孩

भाई（阳）兄弟

माता（阴）母亲

फफकना（不及）抽噎

भतीजा（阳）侄子

भतीजी（阴）侄女

3. 对照录音反复练习本课所学的字母的读音。

4. 朗读下面的音节：

	अ	आ	ए	ऐ	इ	ई	उ	ऊ
प्	प	पा	पे	पै	पि	पी	पु	पू
फ्	फ	फा	फे	फै	फि	फी	फु	फू
ब्	ब	बा	बे	बै	बि	बी	बु	बू
भ्	भ	भा	भे	भै	भि	भी	भु	भू
म्	म	मा	मे	मै	मि	मी	मु	मू

	ए	ऐ
क्	के	कै
ख्	खे	खै
ग्	गे	गै
घ्	घे	घै

	ए	ऐ
च्	चे	चै
छ्	छे	छै
ज्	जे	जै
झ्	झे	झै

	ए	ऐ
त्	ते	तै
थ्	थे	थै
द्	दे	दै
ध्	धे	धै
न्	ने	नै

5. 朗读下面的语音：

(1) 注意送气和不送气的区别：

बचत —— भगत　　पात —— फागुन

बाब —— भाव　　पीना —— फीका

बिताना —— भीख　　बुआ —— भूत

पुता —— फूफा　　बेचना —— भेदना

(2) 注意清音和浊音的区别：

पचना —— बचना　　फगुआ —— भक्ति

पाक —— बाग　　फाक —— भाग

पीपा —— बीबा　　फीका —— भीगा

पैदा —— बैग　　पैक —— भेदना

6. 书写练习

(1) 按照笔顺抄写五遍下列字母，要求正确美观。

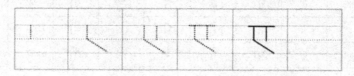

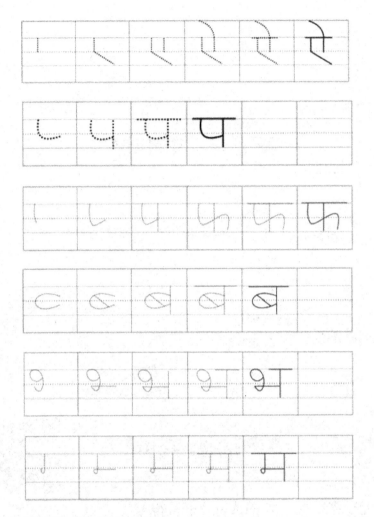

（2）抄写课文及练习1和2。

7. 将下列字母（音符）拼写成单词：

(1) प् + अ + क् + क् + आ =

(2) क् + अ + च् + च् + आ =

(3) ब् + अ + च् + च् + ई =

(4) आ + त् + म् + आ =

第五课　पाँचवाँ पाठ

语音　元音字母ओ、औ的读音及书写符号“ो”“ौ”

半元音字母य、व的读音

辅音字母र、ल、फ़的读音

读音规则（三）

语法　祈使语气

课文

语音　उच्चारण

1. 元音字母 ओ、औ 的读音及书写符号

ओ（o）半闭、后、圆唇、紧、长元音

发音时舌头后部抬起，双唇卷成圆形，气流自口中流出成音。

元音字母 ओ 在辅音字母后与辅音构成音节时，书写时用符号“ो”，写在辅音字母的右面。例如：द् + ओ = दो

औ（au）半开、圆唇、长、紧、复合元音

发音时先发元音 अ 的音，再迅速滑向 ओ 的音。发 अ 音的时间较长，发 ओ 音的时间较短。

元音 औ 在辅音字母后面与该辅音构成音节时，书写中用符号"ौ"，写在辅音字母的右面。例如：न् + औ = नौ

2. 半元音字母 य、व 的读音

य（ya）浊、非送气、硬腭半元音

发音时舌前部抬向硬腭，但不接触硬腭，气流自中间隙缝流出，摩擦成音。

发音时声带振动，但气流较弱。

व（wa）浊、非送气、双唇半元音

发音时双唇圆卷，舌后部抬起，气流自双唇间流出。

这个字母有时读（va），为浊、送气、唇齿擦音。

3. 辅音字母 र、ल、फ़ 的读音

र（ra）浊、非送气、舌尖颤音

发音时口微张，双唇舒展，舌尖卷起，轻轻贴住齿龈，气流冲出时，舌尖颤动成音。发音时声带振动，但气流较弱。

ल（la）浊、非送气、边音

发音时口微张，舌尖抬起，贴住齿龈中间，舌尖两侧松开，气流从舌尖两侧流出，发出声音。

फ़（fa）清、送气、唇齿擦音

发 फ़ 音时，口形及发音部位与发 व（va）音时相同，不同的是声带不振动，但气流较强。

4. 读音规则（三）

半元音 य 和半元音 व 如在元音 अ 和 आ 的后面，而它们的后面又无元音与它们复合，那么读时分别读似带有 ए 和 ओ 的音。例如：

चाय 读作 चाए

चाव 读作 चाओ

चाए 里的 आ 和 ए 读似复合元音，चाओ 里的 आ 和 ओ 读似复合元音，但 ए 音和 ओ 音均短而轻。

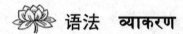 语法　व्याकरण

祈使语气：

（1）动词祈使语气（或称命令语气）表示命令、请求、催促和禁止等意义。动词用祈使语气的句子叫祈使句。祈使句的句末用句号或者感叹号。祈使句的主语一般为第二人称代词。

印地语中有三个第二人称代词 तू、तुम 和 आप。其中 तुम 和 आप 单独用可表示复数，但其后加 लोग 则仅表示复数，लोग 意即"人们"，但加在某些代词或名词后就相当于汉语的"们"。

动词的祈使语气构成形式，依主语所用的代词或说话人对对方的态度的不同而有不同的变化。现以 आना、बताना 和 चलना 为例，列表如下：

第二人称代词	祈使语气构成形式 / 祈使语气动词词尾	词根以元音字母आ结尾的动词	词根以元音符号ा结尾的动词	词根以辅音字母结尾的动词
		例词	例词	例词
		आना	बताना	चलना
तू		आ	बता	चल
तुम, तुम लोग	ओ	आओ	बताओ	चलो
आप, आप लोग	इये	आइये	बताइये	चलिये

例句：

तू खाना खा। 你吃饭。

तुम खाना खाओ। 你吃饭。

आप खाना खाइये। 请您吃饭。

आप आइये। 请您来吧。

तुम लोग जाओ । 你们去吧。

आप लोग चलिये। 请您（们）走吧。

(2) 祈使句否定式的构成，一般是在动词前加否定词 मत 或 न。

例句：

तुम मत जाओ। 你不要去。

आप मत जाइये । 您别去。

तुम लोग न चलो। 你们别走。

(3) 祈使句中的主语常可省略。例如：

तू नाच। 可说 नाच।

तुम बताओ। 可说 बताओ।

आप खाना खाइये।　　　可说 खाना खाइये।

（4）少数几个动词祈使语气的构成形式不规则。详见下表：

例词 / 构成形式 / 代词	करना	पीना	देना	लेना
तू	कर	पी	दे	ले
तुम, तुम लोग	करो	पिओ ,पीओ	दो	लो
आप, आप लोग	कीजिये	पीजिये	दीजिये	लीजिये

课文　पाठ

(क)

तू केला खा।

तू मत जा।

तू चाय पी।

तू घी ला।

(ख)

तुम तलवार लो।

तुम दफ़्तर जाओ।

तुम काम करो।

तुम न आओ।

तुम लोग आओ।

तुम लोग मत चलो।

तुम लोग फल खाओ।

तुम लोग पानी पीओ।

(ग)

आप बताइये।

आप केला लीजिये।

आप दफ़्तर जाइये।

आप न नाचिये।

आप लोग दूध पीजिये।

आप लोग गाना गाइये।

आप लोग मत आइये।

आप लोग काम कीजिये।

第五课　पाँचवाँ पाठ

词汇　शब्दावली

दो（数）二
नौ（数）九
अलमारी（阴）柜，衣柜
तलवार（阴）剑，宝剑
चाय（阴）茶
चाव（阳）愿望，渴望，愉快
तुम（代）你，你们（用于年龄、
　　职位、身份和说话
　　人相当的人）
लोग（阳）人，人们
चलना（不及）行走；动身

मत（副）不要，别
न（副）不，不要，别
करना（及）做，作
देना（及）给，交
लेना（及）拿，取，带走
लाना（及）带，拿来
काम（阳）工作
--- करना 做事，做工作
फल（阳）水果
दफ़्तर（阳）办公室
केला（阳）香蕉

练习　अभ्यास

1. 对照录音反复练习本课所学的字母的读音。

2. 朗读下面的音节：

	ओ	औ
य्	यो	यौ
र्	रो	रौ
ल्	लो	लौ
व्	वो	वौ
फ़्	फ़ो	फ़ौ

	अ	आ
य्	य	या
र्	र	रा
ल्	ल	ला
व्	व	वा
फ़्	फ़	फ़ा

	इ	ई
य्	यि	यी
र्	रि	री
ल्	लि	ली
व्	वि	वी
फ़्	फ़ि	फ़ी

	उ	ऊ
य्	यु	यू
र्	रु	रू
ल्	लु	लू
फ़्	फ़ु	फ़ू

	ए	ऐ
य्	ये	यै
र्	रे	रै
ल्	ले	लै
व्	वे	वै
फ़	फ़े	फ़ै

	ओ	औ
क्	को	कौ
ख	खो	खौ
ग्	गो	गौ
घ्	घो	घौ

	ओ	औ
च्	चो	चौ
छ	छो	छौ
ज्	जो	जौ
झ्	झो	झौ

	ओ	औ
त्	तो	तौ
थ्	थो	थौ
द्	दो	दौ
ध्	धो	धौ
न्	नो	नौ

	ओ	औ
प्	पो	पौ
फ्	फो	फौ
ब्	बो	बौ
भ्	भो	भौ
म्	मो	मौ

3. 朗读并听写下列单词。

यकायक	जल्द	यदि	याद	युग	रक्त
रखना	रचना	रफ़तार	रुचि	रूईदार	लगातार
लगाना	लेख	लेखक	वकालत	वचन	फ़ाइल
फ़ीता	भक्ति	मौत	मौका	यार	वार
औरत	और	ओर	औलाद	ओछा	ओज

4. 书写练习：

（1）按照笔顺抄写五遍下列字母，要求正确美观。

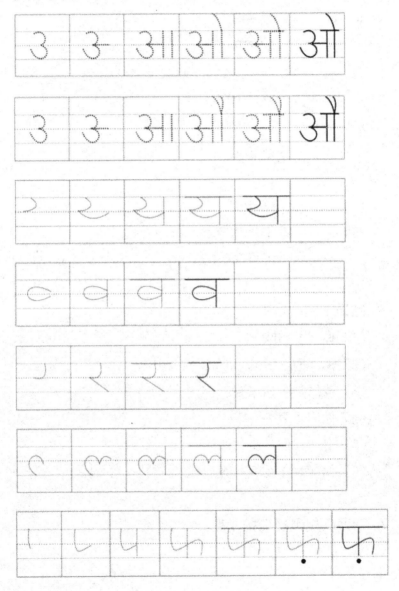

（2）抄写课文。

5. 用祈使语气完成下面的句子：

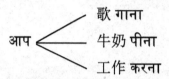

तू
- 水 पीना
- 饭 खाना
- 歌 गाना

तुम
- 香蕉 खाना
- 工作 करना
- 茶 पीना

आप
- 歌 गाना
- 牛奶 पीना
- 工作 करना

6. 翻译下面的句子：

（1）你（तू）走。

（2）你（तुम）来吧。

（3）请您把牛奶拿来。

（4）你们不要去。

（5）请您（们）工作。

（6）你（तुम）拿香蕉吧。

7. 背诵不规则动词构成表。

第六课　छठा पाठ

语音　半鼻音符号“ँ”

辅音字母श、ष、स、ज़、ह的读音

复合辅音　（二）

语法　1. 标点符号

2. 联系动词 होना（一）

课文

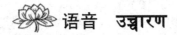

语音　उच्चारण

1. 半鼻音符号“ँ”

半鼻音符号“ँ”写在元音字母和辅音字母（带有元音符号或者不带元音符号）的上面，使该音节的元音半鼻音化。例如：

आ + ँ = आँ　　　ह + ँ = हँ

在书写中，如果辅音字母的上面有元音符号，那么半鼻音符号“ ँ ”则可以写作 “ं”，一般写在元音符号的右面，例如：

न + ह + ई + ँ 可写作 नहीं

读带有半鼻音符号"ँ"的元音时，口腔不闭合，小舌下垂，气流同时自鼻腔和口腔流出，形成半鼻音化元音。在发音时口腔内没有阻塞。

2. 辅音字母 श、ष、स、ज़、ह 的读音

श（'sa）ष（ṣa）清、腭擦音

发音时口腔微张，前舌面抬起，接近硬腭前部，气流自舌与硬腭间的缝隙冲出，摩擦成音。这两个字母的读音，在现代印地语中没有多大区别。

स（sa）ज़（za）这两个字母的发音部位相同：发音时舌尖接触齿龈，气流冲出时摩擦成音。

स（sa）清、舌齿龈擦音

发音时声带不振动。

ज़（za）浊、舌尖齿龈擦音

发音时声带振动。

ह（ha）浊、送气、喉擦音

发音时口腔自然微张，气流从口腔中自然流出成音。发音时声带振动。

3. 复合辅音（二）

क्ष 和 त्र

क्ष ＝क्＋ष，读作 क्ष，例词 अध्यक्ष

त्र ＝त्＋र，读作 त्र，例词 छात्र

🌺 语法 व्याकरण

1. 标点符号

印地语里的标点符号有句号"।"、逗号","、问号"？"、感叹号"！"等十二种。这里只介绍上述四种。

句号"।"——表示一句话完了以后的停顿,一般用垂直线,但现在报刊上有时也用圆点"."。句号一般用于句末,但也用于某些分句的句末。

逗号","——表示一句话中间的停顿。

问号"？"——表示疑问或怀疑等。

感叹号"！"——表示感叹句完了以后的停顿。

2. 联系动词 होना（一）

印地语中用联系动词时,句子的结构与汉语和英语都不一样。汉语和英语都是主—系—表结构,而印地语时主—表—系结构,这是初学者务必牢记的。

印地语的动词有性、数、人称、时态、语气等的变化,而联系动词 होना 的变化形式又比一般动词多。初学者必须高度重视,认真掌握。

联系动词 होना 与第三人称代词中的 यह、वह 和第二人称代词中的 तू 连用时,其现在时构成形式都是 है,例如：

यह मज़दूर है।	他是工人。
वह युवती है।	她是女青年。
तू सुन्दर बच्चा है।	你是个漂亮的孩子。

课文　पाठ

यह किसान है।　　वह मज़दूर है।　　तू छात्र है।
यह आनन्द है।　　आनन्द सैनिक है।　वह सुरेश है।　सुरेश अध्यापक है।
यह छात्रावास है।　वह दफ़्तर है।　　यह शहर है।　　वह गाँव है।
यह उपन्यास है।　वह कहानी है।　　यह मेज़ है।　　वह कुर्सी है।

词汇　शब्दावली

होना（不及）是，有，存在
अध्यक्ष（阳）主席、校长，主任
छात्र（阳）学生
यह（代）他，她，它；这个
वह（代）他，她，它；这个
मज़दूर（阳）工人
आनन्द（人名）安纳德
सैनिक（阳）战士，士兵
सुरेश（人名）苏雷士
अध्यापक（阳）教师

युवती（阴）姑娘，女青年
सुन्दर（形）美丽的，漂亮的
किसान（阳）农民
छात्रावास（阳）学生宿舍
शहर（阳）城市
गाँव（阳）乡村，农村
उपन्यास（阳）长篇小说
कहानी（阴）故事，短篇小说
मेज़（阴）桌子
कुर्सी（阴）椅子

练习　अभ्यास

1. 对照录音反复练习本课所学的字母及复合辅音的读音：

2. 朗读下面的语音：

（1）注意辅音与元音拼合后的读音：

	अ	आ
श्	श	शा
ष्	ष	षा
स्	स	सा
ज़्	ज़	ज़ा
ह्	ह	हा

	इ	ई
श्	शि	शी
स्	सि	सी
ज़्	ज़ि	ज़ी
ह्	हि	ही

	उ	ऊ
श्	शु	शू
स्	सु	सू
ज़्	ज़ु	ज़ू
ह्	हु	हू

	ए	ऐ
श्	शे	शै
स्	से	सै
ज़्	ज़े	ज़ै
ह्	हे	है

	ओ	औ
श्	शो	शौ
स्	सो	सौ
ज़्	ज़ो	ज़ौ
ह्	हो	हौ

（2）注意半鼻化元音的读音：

हों　माँ　हँस　आऊँ　जाऊँ　करूँ　आएँ

आँ　औं　आयीं　कहाँ　हाँ　में　जाएँ

（3）注意半鼻化元音与非半鼻化元音的区别：

अ —— अँ　　हसना —— हँसना

आ —— आँ　　हा —— हाँ

ई —— ईं　　गेद —— गेंद

ऊ —— ऊँ　　पैतीस —— पैंतीस

ए —— एँ　　दोनो —— दोनों

ऐ —— ऐं　　चौतीस —— चौंतीस

3. 朗读并听写下单词。

शक	शक्ति	सरकार	हज़रत	भाषा	शक्तिशाली
सोमवार	ज़ीन	हीर	सामना	शाँति	सुअर
ज़िद	ज़ोर	हौसला	सूरत	ज़ाद	शाम
शुभ	शीर्षक	स्त्री	ज़्यादा	हैरान	शिशु
सिगार	सौदा	श्याम	हाल	हुज़ूर	ज़मीन

4. 按照笔顺抄写五遍下列字母，要求正确美观。

5. 用 होना 现在时填空：

(1) वह आग _____ ।

(2) यह घी _____ ।

(3) वह सुरेश जी _____ ।

(4) यह श्याओ वाँग ____ ।

(5) वह दूध ____ ।

(6) यह कहानी ____ ।

(7) वह खाना ____ ।

(8) यह युवती ____ ।

6. 完成下列句子：

यह {
是长篇小说。
是河流。
是鞋子。
是办公室。
是香蕉。
是小孩子。
是战士。
}

वह {
是工人。
是农村。
是城市。
是学生。
是老师。
是小男孩。
是中国人。
}

7. 翻译下面的句子。

（1）请您在这儿（यहाँ）吃早点（नाश्ता करना）。

（2）请您到那儿（वहाँ）去。

（3）你（तुम）别到那儿去。

（4）你们到这儿来。

（5）你（तू）到教室（क्लास-रूम में）去。

（6）您把长篇小说拿去。

第七课　सातवां पाठ

语音　辅音符号 अः 的读音及书写符号 ":"
　　　　辅音字母 ट、ठ、ड、ढ 的读音
　　　　复合辅音（三）
语法　1. 联系动词 होना（二）
　　　　2. नहीं 的用法
课文

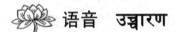 语音　उच्चारण

1. 辅音符号 अः 的读音及书写符号

अः（ah）代表的是一个辅音，发音部位在喉头，是喉头清音。读音时口腔不闭，将肺部呼出的气用力送出即可，发音时声带不振动。

अः 虽是辅音，但在书写中不以字母出现，而用符号 ":"，写在辅音字母或一个音节的后面。表示辅音中的 अ 或者一个音节读出后，还要加上送气音。

2. 辅音字母 ट、ठ、ड、ढ 的读音

这四个辅音字母的发音部位相同：发音时舌尖向上卷向后，用舌尖的下面部分接触硬腭的中部附近，气流冲出时，舌尖随气流沿硬腭放下，爆破成音。所以，称为顶音。

ट（ṭa）清、非送气、顶塞音

发声时声带不振动，气流较弱。

ठ（ṭha）清、送气、顶塞音

发声时声带不振动，但气流较强。

ड（ḍa）浊、非送气、顶塞音

发音时声带振动，但气流较弱。

ढ（ḍha）浊、送气、顶塞音

发音时声带振动，气流亦较强。

3. 复合辅音（三）

ज्ञ 以及 र 与其他辅音复合时的写法

（1）ज्ञ ＝ज्+ञ，读作 ग्य，例词 ज्ञान

（2）र 与其他辅音复合时有三种写法：

① 在前时写作“ र्”，写在后一个辅音字母的上面，如后面一个辅音字母的右面或上面有元音符号，则写在元音符号的右上角。如：

र्+म＝र्म　　例词 मर्म

र्+थ्+ई＝र्थी　　例词 स्वार्थी

र्+त्+आ＝र्ता　　例词 कर्ता

② 在后面时，写作“ ्र”，写在前面一个辅音字母的左下角。例如：

क्+र=क्र　　例词 क्रिया

श्+र=श्र　　例词 श्रमिक

③ 在 ट、ठ 等字母后面时写作“‸”，写在前面辅音字母的下面，例如：

ट्+र=ट्र　　例词 ट्राम

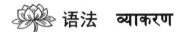

语法　व्याकरण

1. 联系动词 होना（二）

（1）联系动词होना的现在时构成形式除है外，还有三种形式，即हूँ、हो、हैं，分别用于不同的人称或单复数。现将联系动词होना现在时的各种构成形式及用法列表如下：

मैं	हूँ
तू、यह、वह	है
तुम	हो
हम、आप、वे、ये	हैं

例句：

मैं एक मज़दूर हूँ।　　我是工人。

तुम एक छात्र हो।　　你是学生。

वह एक किसान है।　　他是农民。

वे नौजवान हैं।　　他们是年轻人。

（2）表示对第三人称的尊敬时常用第三人称复数形式，例如：

सुरेश जी अध्यापक हैं। 苏雷士是老师。
वे मज़दूर हैं। 他是工人。

2. "नहीं" 的用法

नहीं 是否定词，用以构成否定句。在句中，否定词 नहीं 一般放在动词前。

例句：

वह छात्र नहीं है। 他不是学生。
हम किसान नहीं हैं। 我们不是农民。
तुम लोग चीनी नहीं हो। 你们不是中国人。

课文 पाठ

वह छात्र है।   तुम छात्र हो।   मैं छात्र हूँ।   हम सब छात्र हैं।
आप अध्यापक हैं। ये अध्यापक हैं। आप लोग अध्यापक हैं।
वे भारतीय हैं।   हम चीनी हैं।   लेकिन हम लोग घनिष्ठ मित्र हैं।
वह युवती छात्रा है। यह युवती नर्स है। वह महिला अध्यापिका है।

词汇 शब्दावली

ज्ञान（阳）知识   ट्राम（阴）电车
मर्म（阳）本质，要害   मैं（代）我
स्वार्थी（形）自私自利的   हम（代）我们
कर्ता（阳）工作者，主语   वे（代）他们，她们；

क्रिया（阴）行为，动词

श्रमिक（形）劳动的

（阳）劳动者

नौजवान（形）年轻的；

（阳）青年

नहीं（副）不，没有

सब（形）所有的，全体的

भारतीय（形）印度的；

（阳）印度人

लेकिन（连）但是

它们；那些

ये（代）他们，她们；

它们，这些

घनिष्ठ（形）亲密的

मित्र（阳）朋友

छात्रा（阴）女学生

नर्स（阴）护士

महिला（阴）妇女

अध्यापिका（阴）女教员

练习 अभ्यास

1. 对照录音反复练习本课所学的字母的读音。

2. 朗读下面的音节：

（1）注意顶塞音与元音拼合后的读音：

	अ	आ
ट्	ट	टा
ठ्	ठ	ठा
ड्	ड	डा
ढ्	ढ	ढा

	इ	ई
ट्	टि	टी
ठ्	ठि	ठी
ड्	डि	डी
ढ्	ढि	ढी

	उ	ऊ
ट्	टु	टू
ठ्	ठु	ठू
ड्	डु	डू
ढ्	ढु	ढू

	ए	ऐ
ट्	टे	टै
ठ्	ठे	ठै
ड्	डे	डै
ढ्	ढे	ढै

	ओ	औ
ट्	टो	टौ
ठ्	ठो	ठौ
ड्	डो	डौ
ढ्	ढो	ढौ

(2) 注意顶塞音和非顶塞音的区别：

	अ	आ	इ	ई	उ	ऊ	ए	ऐ	ओ	औ
ट्	ट	टा	टि	टी	टु	टू	टे	टै	टो	टौ
त्	त	ता	ति	ती	तु	तू	ते	तै	तो	तौ
ठ्	ठ	ठा	ठि	ठी	ठु	ठू	ठे	ठै	ठो	ठौ
थ्	थ	था	थि	थी	थु	थू	थे	थै	थो	थौ
ड्	ड	डा	डि	डी	डु	डू	डे	डै	डो	डौ
द्	द	दा	दि	दी	दु	दू	दे	दै	दो	दौ
ढ्	ढ	ढा	ढि	ढी	ढु	ढू	ढे	ढै	ढो	ढौ
ध्	ध	धा	धि	धी	धु	धू	धे	धै	धो	धौ

3. 朗读下列单词：

(1) 注意顶塞音在词中的读音：

टपकना	काटना	टहलना	टाई	टिकट	टूटना
टेलीफ़ोन	टोह	ठगाना	डग	बैठना	ठंडा
डाह	ढक	ठहरना	डालना	ढांचा	ठिकाना
ढब	डरना	डगमगाना	डिनर	ठोस	डिबिया

ढंग ढील ढीला ठीक

（2）注意复合辅音的读音：

जल्दी नाश्ता स्कूल आनन्द अच्छा बच्चा बच्ची

कच्चा दिल्ली पत्थर मक्खी अध्यापिका अध्याय पक्का

मक्खन मक्का मल्लाह मात्र मल्लयुद्ध समाप्त क्लास

ज़्यादा कक्षा विज्ञान विज्ञापन अर्थ शिक्षा शिक्षार्थी

प्रिय प्रेम प्राप्त

4. 书写练习。

（1）按照笔顺抄写五遍下列字母，要求正确美观。

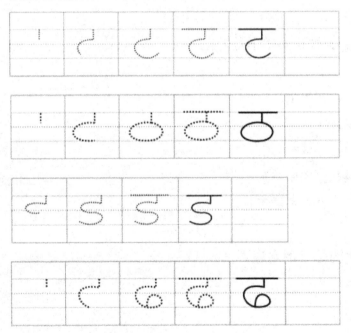

（2）抄写课文和练习 4。

5. 翻译下面的句子：

(क)

(1) 这是叔叔。

(2) 她是姑姑。

(3) 那不是火。

(4) 他们是中国学生。

(5) 我们不是印度学生。

(6) 他们是农民。

(7) 您（们）是老师。

(8) 你们不是工人。

(9) 您不是战士。

(10) 那位姑娘不是学生。

(ख)

(1) 你唱歌。

(2) 您来吧。

(3) 你（तू）走。

(4) 你们做这项工作。

(5) 您做那项工作。

6. 朗读并背诵本课课文。

第八课　आठवां पाठ

语音	特殊元音字母 ऋ 的读音及书写符号 " ृ "
	辅音符号 अं 的读音及书写符号 " ं "
	辅音字母 ड़、ढ़、ण 的读音
	复合辅音（四）
语法	词类
课文	

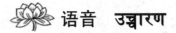 语音　उच्चारण

1. 特殊元音字母 ऋ 的发音及书写符号

ऋ（ri）被认为是元音，但它是印地语中一个特殊的元音，在现代印地语中实际上代表一个音节，而不是单个的元音。

ऋ 的读音实际上等于 रि。发音时舌头卷起，接触齿龈，气流冲出时，舌头颤动，并附加上元音 इ，即成 ऋ 音。

ऋ 在单词中与辅音复合时，书写符号是" ृ "，一般写在前面一个辅音字母的下面。例如：

क् + ऋ = कृ　例词 कृषि

त् + ऋ = तृ　例词 नेतृत्व

2. 辅音符号 अं 的读音及书写符号

अं（am）代表的是鼻辅音。发音时小舌下垂，气流自鼻腔流出，形成鼻音。

अं 在书写中不以字母出现，而用符号“ं”，记在前一个音节的上面。这个符号可以代表 ङ्、ञ्、ण्、न्、म् 等五个辅音，而它代表的辅音是哪一个又取决于它后面的辅音，即它所代表的鼻辅音与其后面的辅音的发音部位相同，在字母表中的同一行内。例如 संबंध 上面的符号分别代表的就是 म 和 न。如不符合上述情况，则一般不能用该符号代表，如 धन्यवाद 不能写成 धंयवाद。另外，两个相同的鼻辅音构成的复合辅音，前一个辅音不能用符号代替，如 अन्न 不能写成 अंन。

3. 辅音字母 ड़、ढ़、ण 的读音

ड़、ढ़ 这两个字母代表的音是印地语中一对特殊的音。发音时舌尖向后卷起，再用舌尖的下面部分沿着硬腭迅速下滑，舌尖的下面部分在齿龈上闪打一下，发出近似于 र 的音，所以叫做闪音。

ड़（ṛa）浊、闪、非送气音

发声时声带振动，但气流较弱。

ढ़（ṛha）浊、闪、送气音

发声时声带振动，气流亦较强。

ण（ṇa）浊、闪、非送气、鼻辅音

发音部位和 ड़ 相同，但部分气流自鼻腔流出，形成鼻音如 ड़ँ。

4. 复合辅音（三）

ट्、ठ्、ड् 与其他辅音构成复合辅音

这几个辅音与其他辅音复合时，书写中一般将后面的一个辅音字母上面的横线去掉，写在 ट्、ठ्、ड् 等字母的下面，而报刊上常在前一个字母下面用去音符号“्”。例如：म् + इ + ट् + ट् + ई 一般写成 मिट्टी，但也可写成 मिट्‌टी。

语法　व्याकरण

词类

印地语的词按照词的意义、词法特征和句法功能等方面的特点，可以分为十类：

1. 名词：名词是人、事物以及抽象概念等的名称，例如：फ़िल्म、क्रिया、नमस्कार等。

2. 代词：代词是用以代替名词的词类，例如：यह 、वह、आप 等。

3. 形容词：形容词是表示人、事物的形状、性质、特征等的词，例如：लम्बा、अच्छा 等。

4. 数词：数词是表示数量和次序的词，例如：दो、दूसरा 等。

5. 副词：副词是在句中修饰动词、形容词或其他副词，以说明动作的特征程度等，例如：जल्दी、बहुत 等。

6. 动词：动词是表示人或事物的行为状态的词，例如：खाना、तैरना 等。

7. 后置词：后置词是用在名词、代词、形容词、数词、非谓语动词、副词等的后面，表示这些词同句中其他词之间的各种关系的词，例如：का、में 等等。

8. 连接词：连接词是用来连接句子和句子，或者在句子中连接词和词、短语和短语的词，例如：और、लेकिन 等等。

9. 感叹词：感叹词是表示惊奇、喜悦、悲伤等感情的词，例如：अरे、ओहो 等等。

10. 语气词：语气词是一种赋予单个的实词、短语或句子以各种语气意味的虚词，例如：भी、ही 等等。

课文 पाठ

यह बेइजिंग यूनिवर्सिटी है। श्याओ वांग, आइये, बेइजिंग यूनिवर्सिटी देखिये। यह विदेशी - भाषा - इमारत है। वह दफ़्तर - इमारत है। यह पुस्तकालय है। यह पुस्तकालय बहुत बड़ा है। वह कक्षा - इमारत है। यह इलेक्ट्रिक आडियो-विज़ुअल शिक्षा इमारत है। वहां देखिये, वह छात्रावास है। यह भी छात्रावास है।

अच्छा, चलिये। पुस्तकालय देखिये।

词汇 शब्दावली

बेइजिंग（地名）北京

यूनिवर्सिटी（阴）大学

कृषि（阴）农业

नेतृत्व（阳）领导

मिट्टी（阴）土地，泥土，土壤

तैरना（不及）游泳

व्याकरण（阳）语法

फ़िल्म（阴）电影

नमस्कार（阳）您好，再见

लम्बा（形）长的

दूसरा（数）第二

जल्दी（副）快

में（后）在……里面;

और（连）和

अरे（感）喂！啊呀！唉

ओहो（感）啊！呀！

बहुत（形）很多的，充分的

（副）很

भी（语气）同样，也

ही（语气）表示加强、着重或限制

इलेक्ट्रिक（形）电的

विदेशी（形）外国的

（阳）外国人

इमारत（阴）楼房

देखना（及）看

पुस्तकालय（阳）图书馆

बड़ा（形）大的

कक्षा（阴）年级，班级，班

भाषा（阴）语言

आडियो–विजुअल（阳）视听

इलेक्ट्रिक आडियो विजुअल शिक्षा इमारत（阴）电化教学楼

练习　अभ्यास

1. 对照录音反复练习本课所学的字母的读音。

2. 朗读下面的语音练习：

（1）注意 ड़、ढ़、ण 的读音：

कपड़ा	गाड़ी	घड़ी	घोड़ा
बड़ा	छोड़ना	चिड़िया	सड़क
पेड़	ओढ़ना	पढ़ना	चढ़ना
ढाढ़स	रीढ़	डेढ़	बढ़ाना
कारण	गणराज्य	गणित	भाषण
विशेषण	साधारण		

（2）注意“र”和“ड़”的读音区别。

पर	पड़	लार	ताड़
हार	हाड़	मार	भाड़
कमरा	कपड़ा	भारी	ताड़ी
ज़रूर	झाड़ू	अरे	बड़े

（3）注意 श 和 स、ज 和 ज़ 的读音区别：

काश	घास	जब	ज़ब्त
शक	सगा	जाग	ज़ाग
शाम	साम	जिगर	ज़िक्र
शील	सील	काज	साज़
शुरू	सूर्य	राजी	राज़ी
शेर	सेर	जुगनू	ज़ुकाम
शोर	सोलह	जोरू	ज़ोर

3. 按照笔顺抄写五遍下列字母，要求正确美观。

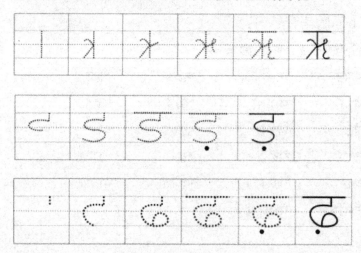

第八课　आठवां पाठ

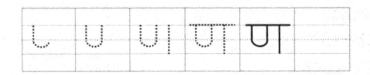

4. 用系动词 होना 填空：

(1) हम किसान _____ ।
(2) वे उपन्यास _____ ।
(3) यह युवती _____ ।
(4) तुम लोग मज़दूर _____ ।
(5) ये सैनिक _____ ।
(6) वह घी _____ ।
(7) तू बच्चा _____ ।
(8) सुरेश और वांग _____ ।
(9) हम छात्र _____ ।
(10) मैं चीनी _____ ।

5. 选择适当的词填空：

(1) _____ जल्दी चलो।
(2) _____ चाय पीजिये।
(3) _____ यह उपन्यास लो।
(4) _____ जल्दी जाओ।
(5) _____ यह गाँव देख।

6. 翻译下列句子：

(क)

(1) 你走吧。
(2) 请你不要跳舞。
(3) 你们唱歌。
(4) 你别做这项工作。
(5) 请您给一只香蕉。

(ख)

(1) 这是长篇小说。

(2) 那是桌子。

(3) 这是农村。

(4) 他们是战士。

(5) 我们不是农民。

(6) 你们不是中国人。

(7) 那是叔叔。

(8) 她不是婶婶。

第九课　नौवां पाठ

语音	特殊元音字母ऑ的读音及书写符号“ॉ”
	辅音字母क़、ख़、ग़的读音
	复合辅音（五）
语法	1. 句子的种类
	2. 是非疑问句
课文	

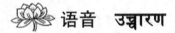

语音　उच्चारण

1. 元音字母 ऑ 的读音及书写符号

ऑ（ɔ）代表的是一个外来音，只出现于英语词中，所以不列在字母表里。发音时舌身后缩，舌后部略微抬起，舌前部放低，双唇稍稍收圆。

ऑ 在辅音之后与该辅音构成音节时，书写中用符号 ॉ，写在辅音字母的右面。例如：ड् + ऑ = डॉ。

但是，这个字母的读音和书写都常常与 आ 相混，例如：

ऑफ़िस 亦读作或写作 आफ़िस

कॉलेज 亦读作或写作 कालेज

2. 辅音字母 क़、ख़、ग़ 的读音

क़（qa）非送气清音

发音时舌根向上抬，贴住小舌附近的软腭，气流冲出时爆破成音。发音时气流较弱，声带不振动。

ख़（xa）清、擦、送气音

发音时舌根向上抬起，接近但不贴住小舌附近的软腭，气流冲出，摩擦成音。发音时声带不振动，但气流较强。

ग़（gha）浊、擦、非送气音

发音时舌根向上抬起，接近但不贴住小舌附近的软腭，气流冲出，摩擦成音。发音时声带振动，但气流较弱。

3. 复合辅音（五）

द्、ह् 与其他辅音复合

（1）辅音 द् 与其后面的辅音复合时，书写的方法是辅音字母 द 基本保持原形，后面的辅音字母或去掉上面的横线，或去掉上面横线后稍变其形，写在 द 的左下方。例如：

द् + व = द्व　　例词　द्वीप

द् + ध = द्ध　　例词　युद्ध

द् + द = द्द　　例词　उद्देश्य

द् + य = द्य　　例词　विद्यार्थी

（2）辅音 ह् 与其后面的辅音复合时，书写的方法是辅音字母 ह 保持原形，ह 后面的字母或去掉上面的横线，或去掉横线后再稍变

其形，写在 ह 的里面。例如：

ह् + व =ह्व 例词 ह्वेल

ह् + र = ह्र 例词 ह्रास

语法 व्याकरण

1. 句子的种类

句子按其意义可以分为陈述句、疑问句、祈使句和感叹句四种。

（1）陈述句——用于陈述某一事实、现象等。例如：

चीन एक महान समाजवादी देश है।

中国是伟大的社会主义国家。

वह अस्पताल में है।

他在医院里。

（2）疑问句——用于提出问题，例如：

क्या यह हमारा लाल झंडा है? 这是我们的红旗吗？

यह क्या है? 这是什么？

（3）祈使句——用于发出请求、命令、警告等。例如：

उठो। （你）起来。

एक दिन आइये और ख़ूब देखिये। 请您哪天来好好看看。

हिन्दी पढ़ो। （你）念印地语。

（4）感叹句——用于表示惊奇、喜悦、悲伤等特殊的感情。例如：

ओहो, यह कपड़ा कितना सुन्दर है!   啊，这衣服多漂亮啊！

2. 是非疑问句

是非疑问句是指发问人要求对方给予肯定或者否定的回答的问句。印地语是非疑问句一般是在陈述句的前面加上疑问词 क्या 构成。这种疑问句的句末用升调。回答时句首通常用"जी हां","हां"或者"जी नहीं","नहीं"。例如：

क्या यह हिन्दी किताब है?   这是印地语书吗？
जी हां, यह हिन्दी किताब है।   对，这是印地语书。
（或者，हां, यह हिन्दी किताब है।）
क्या वह सुरेश है?   他是苏雷士吗？
जी नहीं, वह सुरेश नहीं है।   不，他不是苏雷士。
（或者，नहीं, वह सुरेश नहीं है।）

对这种问句还可以简略地回答，即只回答"जी हां","हां"或者"जी नहीं","नहीं"。

课文 पाठ

सुरेश : क्या यह क्लास-रूम है?
वर्मा : जी हां, यह क्लास-रूम है।
सुरेश : क्या यह विद्यार्थी है?
वर्मा : जी नहीं, यह विद्यार्थी नहीं है। वह मज़दूर है।
सुरेश : क्या यह महिला नर्स है?
वर्मा : जी हां।

第九课　नौवां पाठ

सुरेश : क्या यह युवती भी नर्स है?
वर्मा : जी नहीं, यह नर्स नहीं है। यह डॉक्टर है।
सुरेश : क्या ये अध्यापक हैं?
वर्मा : जी हां।
सुरेश : यह देखिये, क्या यह हिन्दी अख़बार है?
वर्मा : जी हां, यह हिन्दी अख़बार है।
सुरेश : क्या यह चीन का नक़्शा है?
वर्मा : जी नहीं, यह चीन का नक़्शा नहीं है। यह विश्व-नक़्शा है।
सुरेश : अच्छा, शुक्रिया।
वर्मा : कोई बात नहीं है।
सुरेश : नमस्कार।
वर्मा : नमस्कार।

词汇　शब्दावली

ऑफ़िस（阳）办事处，办公室
कॉलेज（阳）学院
विद्यार्थी（阳）学生
ह्वेल（阴）鲸
ह्रास（阳）减少
चीन（阳）中国
महान（形）大的，伟大的
समाजवादी（形）社会主义的
　　　　（阳）社会主义者
देश（阳）国家

द्वीप（阳）岛屿
युद्ध（阳）战争
उद्देश्य（阳）目的
किताब（阴）书
हिन्दी（阴）印地语
पढ़ना（及）念，阅读，学习
कितना（副）多么，多少
कपड़ा（阳）布匹；衣服
अख़बार（阳）报纸
हां（副）对，是（肯定）

अस्पताल（阳）医院

हमारा 我们的（修饰阳性单数无后名词）

लाल（形）红色的

झंडा（阳）旗帜

उठना（不及）起来，起立

ख़ूब（副）很，甚；好好地

क्या（副）什么

जी हां 是的（肯定）

जी नहीं 不，不是

वर्मा（人名）沃尔马

नक़्शा（阳）地图

विश्व नक़्शा（阳）世界地图

शुक्रिया（阳）感谢；谢谢！

कोई（代）某一个，任何一个

练习 अभ्यास

1. 对照录音反复练习本课所学的字母的读音。

2. 朗读下面的语音练习：

	अ	आ	इ	ई	उ	ऊ	ए	ऐ	ओ	औ
क़्	क़	क़ा	क़ि	क़ी	क़ु	क़ू	क़े	क़ै	क़ो	क़ौ
ख़्	ख़	ख़ा	ख़ि	ख़ी	ख़ु	ख़ू	ख़े	ख़ै	ख़ो	ख़ौ
ग़्	ग़	ग़ा	ग़ि	ग़ी	ग़ु	ग़ू	ग़े	ग़ै	ग़ो	ग़ौ

3. 朗读下面的单词：

（1）注意下面带点的字母在单词中的读音：

क़——क़लम　　क़िताब　　क़ौम

ख़——अख़बार　　ख़ाली　　ख़ूँख़ार

ग़——क़ाग़ज़　　बाग़　　ग़लती

（2）注意 क 和 क़、ह 和 ख़ 的读音区别：

काला——क़ाला　　　　हाज़िर——ख़ाज़िर

किला——क़िला　　　　हूब——ख़ूब

कुसूर——क़ुसूर　　　　हैर——ख़ैर

4. 正确朗读并分析下列单词的音：

कक्षा　मात्रा　विज्ञान　प्राकृत　द्वार　योद्धा　संबंध　कुर्सी

5. 用肯定和否定两种形式回答下列问题。

（1）क्या यह दफ़तर है?

（2）क्या यह मेज़ है?

（3）क्या यह अख़बार है?

（4）क्या वे उपन्यास हैं?

（5）क्या यह केला है?

（6）क्या वह अध्यापक है?

（7）क्या ये छात्र हैं?

（8）क्या वे किसान हैं?

6. 翻译下面的句子：

（क）

（1）这是报纸吗？不，这不是报纸。

（2）那是火吗？是的，那是火。

（3）你们是学生吗？是的，我们是学生。

（4）她是老师吗？不，她不是老师。

(ख)

(1) 你做这项工作。

(2) 请您别在这儿念印地语。

(3) 你（तू）看看报纸。

(4) 你们跳舞吧。

7. 将下面的陈述句改为疑问句：

(1) वह छात्रावास है।

(2) यह खाना है।

(3) वह नदी है।

(4) यह कहानी है।

(5) वे अध्यक्ष हैं।

(6) ये भारतीय अध्यापक हैं।

(7) वे चीनी हैं।

(8) ये दादा जी हैं।

(9) वे दादी जी हैं।

(10) ये चाची जी हैं।

(11) वे चाचा जी हैं।

第十课　दसवां पाठ

语音	元音小结
	读音规则小结
语法	1. 特殊疑问句
	2. 句子的成分
课文	

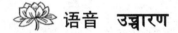 语音　उच्चारण

1. 元音小结

印地语共有十一个元音，其中包括八个单元音、两个复合元音、一个特殊元音。此外还有一个外来单元音 ऑ，这里把它们一一列出。

单元音：अ、आ、इ、ई、उ、ऊ、ए、ओ

复合元音：ऐ、औ

特殊元音：ऋ

外来单元音：ऑ

单元音舌位图

复合元音滑动方向示意图

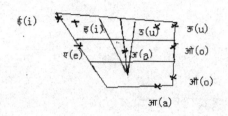

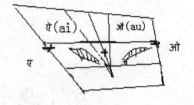

2. 读音规则小结

（1）辅音字母在词中有带元音 अ 和不带元音 अ 两种读法，其一般规则如下：

① 词首的辅音字母读时都带元音 अ，例如：

कब　读作 कब्　　　　घर　读作 घर्

② 词尾的辅音字母读时都不带元音 अ，例如：

अभ्यास　读作 अभ्यास्　　　　हाथ　读作 हाथ्

③ 最后一个音节如为长元音，而倒数第二个音又是辅音与元音 अ 构成，

读时倒数第二个音节中的 अ 不读出，例如：

लड़का　读作 लड़्का　　　　कमरा　读作 कम् रा

④ 词尾如是两个辅音字母，读时倒数第二个字母带元音 अ，例如：

कमर　读作 कमर्　　　　मनोहर　读作 मनोहर्

⑤ 由四个辅音字母组成的词，读时第一和三两个辅音字母带元音 अ，第二和第四两个辅音字母不带元音 अ。例如：

कसरत　读作 कस् रत्　　　　लगभग　读作 लग् भग्

(2) 词尾的半元音 य 和 व 如在元音 अ 和 आ 后面，分别读作 ए 和 ओ 的音。但 ए 和 ओ 的音都较弱。例如：

गाय 读作 गाए　　　　　　नाव 读作 नाओ

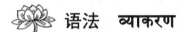

语法 व्याकरण

1. 特指疑问句

特指疑问句是指发问者要求对方对他所提出的问题给予具体回答的问句。这类问句中常使用疑问代词 क्या、कौन、कैसा 等等。这种问句不能用“जी हां”“हां”或者“जी नहीं”“नहीं”来回答。例如：

यह लड़की कौन है?	这女孩是谁？
यह विमला है।	她是维摩拉。
यह क्या है?	这是什么？
यह तस्वीर है।	这是照片。
यह कपड़ा कैसा है?	这衣服怎么样？
यह कपड़ा सुन्दर है।	这衣服很漂亮。

2. 句子成分

一个句子由若干成分组成，这些成分叫作句子成分。印地语的句子成分依照在句子中的作用分为：主语、谓语、宾语、状语、定语、表语、补语、同位语、独立语等九种。这里简单介绍前六种。

主语是句子里陈述的对象，表示所说的是谁或是什么。印地语中名词、代词、形容词、数词、动词不定式、副词和各种短语都可以做主语；谓语对主语加以说明，表示它们的动作或所处的状态。印地语的谓语只能由动词来充当。主语和谓语是句子的主要成分。例如：

तुम　　जाओ।
主语　　谓语

有些谓语是由联系动词和另外一个词（或词组）构成的。与联系动词一起构成谓语的这个词（或词组）叫作表语。例如：

वह　　किसान　　है।
主语　　表语　　联系动词

印地语中能用作表语的词有名词、代词、形容词、数词、动词不定式、分词、副词和短语。

一个句子除主语和谓语外，还常有其他成分：

宾语——用来完成句子的意义，表示动作所涉及的对象。例如：

आप　　हिन्दी　　पढ़िये।
主语　　宾语　　动词

印地语中宾语可以由名词、代词、形容词、数词、动词不定式、分词和短语来充当。

定语——用来修饰或限制名词（或用作名词的词），表示事物的特征、数量、形状、归属等。例如：

वह　　सुन्दर　　लड़का　　है।
主语　　定语　　表语　　联系动词

印地语中形容词、数词、代词、分词、后置词短语和名词可以用作定语。

第十课　दसवां पाठ

状语——用来修饰动词、形容词或其他副词，表示动作的时间、地点、原因、目的、结果以及特征、程度等。例如：

तुम　　　जल्दी　　　जाओ ।
主语　　　状语　　　动词

印地语中状语可以由副词、分词、形容词、后置词短语、词组充当。

印地语句子成分的位置相对来说比较灵活，说话人根据自己所强调的重点可以灵活变动句子成分的位置。但是，它仍然有一定的规律，如主语一般在句首，谓语动词一般在句末，而有的成分如定语则不能轻易变动其位置。这些是初学者必须注意的。

注：在分析句子时，可以仿照上面的例子用简易的图解符号，即：

主语 _____　　谓语～～～～　　宾语_____
表语 ....　　定语_ _ _ _ _　　状语～ ～ ～

 课文　पाठ

(१)

यह क्या है? यह कपड़ा है।　यह कपड़ा बहुत बढ़िया है।
वह क्या है? वह घड़ी है।　वह घड़ी भी बहुत बढ़िया है।

(२)

यह कौन है? यह सुरेश है। वह कौन है? वह वर्मा है। सुरेश और वर्मा दोनों सहपाठी हैं। वे दोनों मित्र भी हैं।

(३)

रामचन्द्र जी विशेषज्ञ हैं। रामकुमार जी अध्यापक हैं। वे दोनों भारतीय हैं। मैं कर्मचारी हूँ। आप अध्यापिका हैं। हम चीनी हैं। हम भारतीय नहीं हैं।

词汇 शब्दावली

कौन（代）谁，哪一个　　　वाराणसी（地名）瓦腊纳西
कब（副）何时，什么时候　　कसरत（阴）体操
घर（阳）房屋，住宅；家　　लगभग（副）大约，大概
अभ्यास（阳）练习　　　　　नाव（阴）船，小船
हाथ（阳）手　　　　　　　कैसा（形）什么样的
लड़का（阳）男孩　　　　　लड़की（阴）女孩
कमरा（阳）房间　　　　　तस्वीर（阴）画，画像；照片
कमर（阴）腰　　　　　　बढ़िया（形）精美的，优质的
मनोहर（形）迷人的；美丽的　घड़ी（阴）手表
सहपाठी（阳）同学　　　　दोनों（数）俩，两个
रामचन्द्र（人名）拉摩金德尔　रामकुमार（人名）拉摩古马尔
विशेषज्ञ（阳）专家　　　　कर्मचारी（阳）职员，工作人员
विमला（人名）维摩拉　　　गाय（阴）母牛

练习 अभ्यास

1. 朗读下面的单词，注意元音的发音。

अ　अख़बार　अध्यक्ष　अलमारी　अगला　अग्नि
आ　आदि　आम　शाम　आशा

इ	इमारत	इच्छा	इनाम	किसान	सितारा
ई	ईद	ईदगाह	कमी	कभी	चीज़
उ	उतना	उगलना	तुम	सुरेश	
ऊ	जूता	तू	डूबना	कूदना	स्कूल
ऋ	ऋषि	कृति	नेतृत्व	मातृभूमि	मृत्यु
ए	एक	मेरा	रेडियो	सेना	सेव
ऐ	ऐसा	गैर	मैं	मैदान	सैनिक
ओ	ओर	टोपी	दोपहर	मोर	रोना
औ	औद्योगिक	और	दौड़ना	नौजवान	
ऑ	ऑपरेशन	कॉफ़ी	ऑफ़िस	कॉलेज	जॉब

2. 按照读音规则正确朗读下列各组单词：

(1) कब खटखटाना गति चपाती जल्दी डग तब ढलान दवा घर जब

(2) काम भात बात क़लम शाम क़ाग़ज़ अख़बार दैनिक याद व्यायाम

(3) बारह दोपहर बाहर इमारत अध्यापक मेहनत नरम मगर समझ

(4) खड़बड़ गड़बड़ पतझड़ बरगद मकसद मखमल मज़हब मतलब लथपथ घबराहट

(5) अलमारी पहचानना सफलता पढ़ना मज़दूर ख़तरनाक खपरैल चकराना ताक़तवर

(6) गाय चाय घांय राय सांय गांव चाव दांव पांव भाव

3. 用特指疑问句对下列各句提问：

(1) यह नदी है।

(2) वह उपन्यास है।

(3) ये अध्यापक हैं।

(4) वे डॉक्टर हैं।

(5) वह तस्वीर है।

(6) यह काका है।

(7) वह काकी है।

(8) तुम मज़दूर हो।

(9) आप अध्यक्ष हैं।

(10) तुम लोग किसान हो।

4. 回答下面的问题：

(1) यह क्या है?

船 香蕉 桌子 鞋 椅子 牛

(2) वह कौन है?

男孩 女青年 学生 教员 工人 农民

5. 翻译下面的句子：

(क)

(1) 她是谁？她是学生。

(2) 这是什么？这是画像。

(3) 他（वे）是谁？他是老师。

(4) 那是什么？那是地图。

第十课　दसवां पाठ

　　（5）这些是什么？这些是长篇小说。

　　（6）您是谁？我是医生。

（ख）

　　（1）他是印度人吗？不是，他不是印度人。他是中国人。

　　（2）那是椅子吗？不是，那不是椅子。

　　（3）这是牛奶吗？不是，这不是牛奶，这是茶。

　　（4）他们是中国人吗？不是，他们不是中国人。他们是印度人。

6. 分析下列句子的成分：

　　（1）वह अच्छा लड़का है।

　　（2）तुम काम करो।

　　（3）आप जल्दी आइये।

第十一课　ग्यारहवां पाठ

语音	辅音小结
	复合辅音小结
语法	后置词 का 的用法
课文	

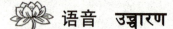 语音　उच्चारण

1. 辅音小结

　　印地语辅音字母包括三十九个辅音和两个半元音。在印地语辅音中，有许多成对的清音和浊音，送气音和非送气音。练习发音时对这些必须严加区别，切不可混淆。印地语单个辅音字母所代表的音如表所示：

印地语辅音表

发音方法 \ 发音部位			双唇	唇齿	舌尖齿龈	舌尖硬腭	中舌硬腭	舌后软腭	舌根小舌	喉头
闭塞音	清音	不送气	प्		त्	ट्		क्	क़्	
		送气	फ्		थ्	ठ्		ख्		
	浊音	不送气	ब्		द्	ड्		ग्		
		送气	भ्		ध्	ढ्		घ्		
塞擦音	清音	不送气					च्			
		送气					छ्			
	浊音	不送气					ज्			
		送气					झ्			
鼻音	浊音	不送气	म्		न्	ण्	ञ्	ङ्		
边音	浊音	不送气			ल्					
卷舌音	浊音	不送气			र्					
闪音	浊音	不送气				ड़्				
		送气				ढ़्				
摩擦音	清音			फ़्	स्	ष्	श्		ख़्	
	浊音			व्	ज़्				ग़्	ह्
半元音	浊音	不送气	व्				य्			

2. 复合辅音字母连写法小结

复合辅音字母的连写法较多，可以分为规则型和不规则型两大类。

（1）规则型：

① 前面一个辅音字母右面有一直线（无论长短）者，一般去掉后面的直线与后面的字母连写。例如：

च् + छ = च्छ　　क् + ल = क्ल

② 某些相同的字母或发音部位相同的字母，可以去掉后面字母上面的横线，写在前面字母的下面。例如：

च् + च = च्च　　（亦可写作 च्च）

ट् + ठ = ट्ठ　　（亦可写作 ट्ठ）

द् + द = द्द　　（亦可写作 द्द）

③ 鼻辅音与后面的辅音复合时，均可用鼻辅音符号“ं”代表，写在其前面一个字母的上方。例如：

आनन्द = आनंद　　सम्बन्ध = संबंध

（2）不规则型：

① र 和其他辅音字母复合时，有以下几种写法：

र 在前面时，写作“र्”，写在后面一个字母上方，如后面的辅音字母的右面或上面有元音符号，则写在元音符号的右上角。例如：

र् + म = र्म

र् + क् + आ = र्का

र् + ग् + ई = र्गी

र 在后面时写作“्र”，写在前面一个字母的左下方。例如：

प् + र = प्र

र 在 ट、ठ、ह 等的后面时写作“ ्र ”，写在前面一个字母的下面，例如：

ट् + र = ट्र

ह् + र = ह्र

② द、ह 等右面无直线的字母与其他字母复合时，将后面的字母稍加变形再连写，位置不十分固定。例如：

द् + ध = द्ध　　द् + व = द्व　　ह् + ल = ह्ल

③ 有的辅音字母和其他辅音字母连写时，变形较大。例如：

क् + ष = क्ष　　ज् + ञ = ज्ञ

द् + य = द्य　　श् + र = श्र

त् + र = त्र

3. 语调

印地语语调有三种：平调、升调和降调。

（1）平调：一般陈述句用平调，在说话或朗读时整个句子语调平稳。例如：

वह लड़का है।　　他是男孩子。

（2）升调：一般用于是非疑问句和感叹句，在说话或朗读时句末用升调。例如：

क्या वह मज़दूर है?　　他是工人吗？

（3）降调：通常用于否定句和祈使句，说话或朗读时句末用降调。例如：

आप जल्दी आइये।　　请您赶快来。

语法 व्याकरण

后置词 का 的用法:

"का"相当于汉语的"的",加在名词的后面构成词组修饰其他名词(或相当于名词的成分),但它必须与修饰的名词性数一致,即修饰阳性单数名词(或相当于阳性单数名词的成分)时不变,修饰阳性复数名词(或相当于阳性复数名词的成分)时将"आ"变为"ए",修饰阴性名词是将"आ"变为"ई",例如:

वह सुरेश का मित्र है।   他是苏雷士的朋友。
वे अध्यापिका वांग के विद्यार्थी हैं।   他们是王老师的学生。
यह अध्यापक की किताब है।   这是老师的书。

课文 पाठ

(क)

यह क्या है? यह क़लम है। क्या यह सुरेश की क़लम है? जी हां, यह सुरेश की क़लम है।

वे क्या हैं? वे विमला के चित्र हैं। वे चित्र रंगीन हैं। वे बहुत सुन्दर हैं।

(ख)

वह कौन है? वह वर्मा की बेटी है। वह बहुत बुद्धिमान है। वह एक श्रेष्ठ छात्रा है।

वे कौन हैं? वे हिन्दी विभाग के विद्यार्थी हैं।

词汇 शब्दावली

आनन्द（阳）幸福，欢乐

क़लम（阴）钢笔

बुद्धिमान（形）聪明的

श्रेष्ठ（形）优秀的

विभाग（阳）部门，部，系，科

सम्बन्ध（阳）联系，关系

बेटी（阴）女儿

चित्र（阳）图画，肖像；照片

रंगीन（形）染了色的，彩色的

练习 अभ्यास

1. 熟记下面的字母顺序表：

अ	आ	इ	ई	उ	ऊ	ऋ	ए	ऐ	ओ	औ
क	ख	ग	घ	ङ						
च	छ	ज	झ	ञ						
ट	ठ	ड	ढ	ण						
त	थ	द	ध	न						
प	फ	ब	भ	म						
य	र	ल	व							
श	ष	स	ह							

2. 朗读下面的读音：

（1）注意清浊辅音的区别：

कम	गज	कुछ	गुरू	खड़ा	घड़ा	खेलना	घेरना
चकित	जटिल	चाय	जाग	छत	झख	छुरी	झुकना

टटोलना डरपोक टिकट डिगरी ठगना ढकना ठीक ढीला
तथा दवाई तार दाल थकना धकेलना थाल धारा
पथ बट पालना बाहर फट भला फाड़ना भागना

（2）注意复合辅音的发音：

अंग्रेज़ी	अच्छा	अध्यक्ष	अध्ययनशील
अध्यापक	अध्यापिका	अस्पताल	इत्यादि
कक्षा	कर्मचारी	कार्य	क्या
क्यों	चिट्ठी	छात्रा	ज़्यादा
जल्दी	डॉक्टर	तस्वीर	दिलचस्प
दिल्ली	द्वारा	धन्यवाद	नक़्शा
नमस्ते	नर्स	नाश्ता	प्रयोग
बास्केट-बाल	भविष्य	महत्वपूर्ण	मित्र
रामचन्द्र	राष्ट्र	विज्ञान	विशेषज्ञ
व्यस्त	व्यायाम	शक्ति	शिक्षा
श्रेष्ठ	स्कूल	हिन्दी	

（3）注意下面带点的字母的读音。

क़लम ताक़त अख़बार ख़बर क़ाग़ज़ ग़रीब ज़नाना
चीज़ खड़ा लड़का ढाढ़स पढ़ना थोड़ा दफ़्तर
बढ़िया मज़दूर साफ़ डेढ़

3. 用正确的语调朗读下面的句子：

（1）हम विद्यार्थी हैं।

（2）वे मज़दूर हैं।

（3）क्या वह छात्र है?

（4）क्या ये अध्यापक हैं?

（5）वह किसान नहीं है।

（6）तुम यह काम करो।

4. 将下列音组拼写成单词：

（1）उ + द् + द् + ए + श् + य =

（2）प + त् + र् + इ + क् + आ =

（3）ब् + उ + द् + ध् + इ + म् + आ + न =

（4）व् + इ + द् + य् + आ + र् + थ् + ई =

（5）व् + इ + ज् + ञ् + आ + न =

5. 用后置词 का 及其变形形式填空：

（1）ये श्याओ वांग＿＿＿दादी हैं।

（2）वे अध्यापक वांग＿＿＿छात्र हैं।

（3）वह कामरेड ली＿＿＿क़लम है।

（4）यह अध्यापिका ＿＿＿उपन्यास है।

6. 翻译下面的句子：

（1）他是谁？他是拉摩金德尔的父亲。

（2）您是谁？我是维摩拉的母亲。

（3）沃尔马是老师吗？不是，他是工人。

（4）这支笔是安纳德的吗？对，是他的。

（5）这些彩色照片是苏雷士的吗？不是，是拉摩古马尔的。

7. 快速说出复合辅音连写法的种类，并举例说明。

8. 背诵本课课文。

第十二课　बारहवां पाठ

पाठ	दैनिक कार्यक्रम
बातचीत	सवाल-जवाब
व्याकरण	1. 动词的时态
	2. 现在经常时
	3. 连接词 और 的用法

 课文　पाठ

दैनिक कार्यक्रम

　　मैं रोज़ सुबह जल्दी उठता हूँ। उठने के बाद मुंह-हाथ धोता हूँ। फिर कसरत करता हूँ और नहाता हूँ।

　　आठ बजे माता जी, पिता जी, छोटा भाई, छोटी बहन और मैं एक साथ नाश्ता करते हैं। हम काफ़ी नहीं पीते, मांस नहीं खाते, सिर्फ़ दूध पीते हैं, मक्खन और रोटी खाते हैं।

　　नौ बजे, मैं विश्वविद्यालय जाता हूँ। पिता जी दफ़्तर जाते हैं, छोटी बहन मिडिल स्कूल जाती है और छोटा भाई प्राइमरी स्कूल जाता है। माता जी बाहर

नहीं जातीं, वे गृहस्थी संभालती हैं।

दोपहर को मैं घर वापस आता हूँ। छोटी बहन घर वापस आती है, और छोटा भाई भी घर वापस आता है। हम सब एक साथ खाना खाते हैं, फिर आराम करते हैं।

दोपहर के बाद पांच बजे पिता जी घर आते हैं, तब हम सब साथ साथ चाय पीते हैं। हम केक, बिस्कुट और मिठाई भी खाते हैं।

छै बजे हम कसरत करते हैं। माता जी रोज़ घूमती हैं। पिता जी नहीं घूमते, वे रोज़ दौड़ते हैं। मैं भी नहीं घूमता, मैं अक्सर डंड-बैठक लगाता हूँ।

शाम को हम एक साथ खाना खाते हैं, फिर टेलीविज़न देखते हैं। हम कभी सिनेमा देखते हैं, कभी नाच देखते हैं। कभी गाना सुनते हैं, कभी संगीत सुनते हैं।

रात को दस बजे हम सोते हैं।

会话 बातचीत

सवाल-जवाब

क: आप कहां काम करती हैं?

ख: मैं अस्पताल में काम करती हूँ।

क: आप के पिता जी अब क्या काम करते हैं?

ख: वे अब इतिहास पढ़ाते हैं।

क: आप की माता जी अब क्या काम करती हैं?

ख: वे गृहस्थी संभालती हैं।

क: क्या आप का भाई यूनिवर्सिटी में पढ़ता है?

ख: जी हां, वह बेइजिंग यूनिवर्सिटी में पढ़ता है।

क: वह क्या पढ़ता है?

ख: वह हिन्दी, अंग्रेज़ी आदि विषय पढ़ता है।

词汇 शब्दावली

（क）

दैनिक（形）白天的；每日的
कार्यक्रम（阳）工作程序；计划
रोज़（副）一天；每天
सुबह（副）早晨
जल्दी（副）早；快
उठने के बाद 起床以后
मुंह（阳）脸，口，嘴
धोना（及）洗
फिर（副）重新，再，然后
कसरत करना（及）做体操
नहाना（不及）洗澡，沐浴
आठ（数）八
आठ बजे（副）八点钟
छोटी बहन（阴）妹妹
एक साथ（副）一起
नाश्ता（阳）早点，早饭
--- करना（及）吃早点；吃早饭
काफ़ी（阴）咖啡
मांस（阳）肉
सिर्फ़（副）仅仅，只有
मक्खन（阳）黄油
रोटी（阴）烙饼，面包
विश्वविद्यालय（阳）大学
मिडिल स्कूल（阳）中等学校，中学
प्राइमरी स्कूल（阳）小学
गृहस्थी（阴）家务
संभालना（及）管理，控制，担负
बाहर（副）外面，外边
दोपहर को（副）在中午
वापस（副）返回，回来
--- आना（不及）回来
आराम करना（及）休息
तब（副、关）那时，在当时
साथ साथ（副）一起，一道
केक（阳）饼，糕点
बिस्कुट（阳）饼干
मिठाई（阴）甜食，糖果
छै बजे（副）六点钟
घूमना（不及）散步
दौड़ना（不及）跑，跑步

अक्सर（副）经常
डंड-बैठक（阴）俯卧撑
--- लगाना（及）做俯卧撑
शाम को（副）傍晚
टेलीविज़न（阳）电视
देखना（及）看
कभी ...कभी（副）有时……有时
सिनेमा（阳）电影
नाच（阳）舞蹈
संगीत（阳）音乐，音乐演奏会
रात को（副）在夜晚
दस（数）十
दस बजे（副）十点钟
सोना（不及）睡

（ख）

बातचीत（阴）谈话，会话，会谈
सवाल（阳）问题
जवाब（阳）回答
कहां（副）哪儿，在哪儿
अब（副）现在
पढ़ाना（及）教，教书
इतिहास（阳）历史
अंग्रेजी（阴）英语
आदि（副）等等
विषय（阳）科目，内容

语法 व्याकरण

1. 动词的时态

在印地语里，不同时间发生的动作或存在的状态，要用不同的动词形式表示，例如：

वह विद्यार्थी है।　　他现在是学生。
वह विद्यार्थी था।　　他过去是学生。

上面的“है”和“था”原是一个动词“होना”，意思是“是”，但在表示“现在是”时用“है”，在表示“过去是”时用“था”。动词的这种表示不同时间的动作或状态的形态，叫做时态。

2. 现在经常时

（1）动词现在经常时表示经常的，习惯性的动作、状态，以及客观真理等。

（2）动词现在经常时的构成，是动词根＋ता（-ते, -ती）＋है（हूँ, हो, हैं），现在以动词 पढ़ना 和 जाना 为例，示其构成形式如下：

代词 \ 构成形式 \ 性	阳性		阴性	
मैं	पढ़ता हूँ	जाता हूँ	पढ़ती हूँ	जाती हूँ
तू, यह, वह	पढ़ता है	जाता है	पढ़ती है	जाती है
हम, आप, ये, वे	पढ़ते हैं	जाते हैं	पढ़ती हैं	जाती हैं
तुम	पढ़ते हो	जाते हो	पढ़ती हो	जाती हो

（3）动词现在经常时否定式在动词前面加否定语气词 नहीं，然后略去 हूँ, है, हैं, हो；阴性复数以及除 तू 以外的第二人称单数需要将 ती 变为 तीं。其构成是 नहीं ＋动词根＋ता（ते, ती, तीं），现在仍以 पढ़ना 为例，示其否定式如下：

代词 \ 构成形式 \ 性	阳性	阴性
मैं, तू, यह, वह	नहीं पढ़ता	नहीं पढ़ती
हम, तुम, आप, ये, वे	नहीं पढ़ते	नहीं पढ़तीं

第十二课 बारहवां पाठ

（4）用法：

① 表示经常性的动作。

हम हिन्दी पढ़ते हैं।	我们学习印地语。
वे इतिहास नहीं पढ़ते।	他们不学历史。

② 表示习惯性的动作。

वह सुबह जल्दी उठता है।	他早上总是早起。
मैं दोपहर को नहीं सोती।	我中午不睡觉。

③ 表示真理

सूरज पूर्व से निकलता है।	太阳从东方升起。

3. 连接词और的用法。

और是联合连接词，可用来连接词和词、短语和短语、句子和句子。例如：

काका जी और काकी जी अस्पताल में काम करते हैं।
叔叔和婶婶在医院工作。
मैं चाय नहीं पीता और वह भी नहीं पीता।
我不喝茶，他也不喝茶。

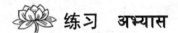

练习 अभ्यास

1. 语音练习：

（1）注意 अ 和 आ 读音的区别：

अ — अब　　अमर　　सुअर　　फल　　फ़र्क

आ — आप आग आचार फाड़ पालक

(2) 注意 ख़+和 ख 读音的区别：

ख़ — ख़बर ख़त ख़ाक ख़िज़र ख़ुदा ख़ून

ख — खजूर खट खाई खिचड़ी खुला खुरपा

(3) 注意 क 和 ग, ख 和 घ 读音的区别：

क — कवि काला कितना कीड़ा कुछ काश

ग — गति गाल गिरना गीत गुड़िया गोद

ख — खड़ा खाई खिलना खीझना खुलना खोज

घ — घर घाव घिरना घुटना घूमना घोर

(4) 注意复合辅音的读音：

अन्दर अभ्यास अर्थ उच्चारण निश्चित पत्रिका

पुस्तकालय पूर्वी वाक्य व्यायामशाला शब्द विज्ञान

2. 朗读下面的句子：

(1) हम हिन्दी और अंग्रेज़ी पढ़ते हैं।

(2) श्योओ वांग रोज़ शाम को दौड़ता है।

(3) वह कहां काम करता है?

(4) आप गांव में काम करते हैं।

(5) मैं विश्वविद्यालय में नहीं पढ़ता।

3. 回答问题：

(क)

(1) यह उठने के बाद क्या करता है?

(2) क्या वह कसरत करता है?

(3) आप लोग क्या पीते हैं और क्या खाते हैं?

（4）क्या आप लोग एक साथ खाना खाते हैं?

（5）वे लोग कब घर वापस जाते हैं?

（6）क्या वे रोज़ घूमते हैं?

（7）रात को आप क्या करते हैं?

（8）तुम लोग कब सोते हो?

（ख）

（1）वह लड़की कौन है?

（2）क्या वह सुरेश का मित्र है?

（3）क्या वह लड़का वर्मा का भाई है?

（4）क्या वह गाना गाता है?

（5）वह नौजवान कौन है?

（6）क्या ये लोग छात्र हैं?

（7）क्या वह मज़दूर है?

（8）क्या वे शहर में जाते हैं?

4. 说出下列动词现在经常时的八种构成形式和四种否定构成形式。

आना　　नाचना　　बैठना　　करना

5. 把下面的陈述句变成疑问句并作否定回答：

（1）तू रोज़ शाम को दौड़ता है।

（2）वह सुबह गाना गाती है।

（3）यह पांच बजे घर वापस जाता है।

（4）ये चाय पीते हैं।

（5）वे शाम को एक साथ खाना खाती हैं।

（6）तुम लोग साथ साथ विश्वविद्यालय जाते हो।

（7）श्याओ वांग का भाई प्राइमरी-स्कूल जाता है।

（8）कामरेड वांग की बहन मिडिल-स्कूल जाती है।

（9）आप हिन्दी पढ़ते हैं।

（10）तुम हिन्दी पढ़ती हो।

（11）ये संगीत सुनती हैं।

6. 改错：

（1）वह युवती अंग्रेज़ी पढ़ते हैं।

（2）वह काम करता हूँ।

（3）यह युवक हिन्दी नहीं पढ़तीं।

（4）दादा जी काफ़ी पीती है।

（5）आनन्द जी के पिता जी रोज़ यहां आता है।

（6）कामरेड वांग की माता जी अक्सर क़िताब पढ़ते हैं।

（7）नानी अब जाता है।

（8）अध्यक्ष रोज़ आती हैं।

（9）ये चाय पीता है।

（10）वे केला खाता है।

7. 用所给词汇仿照例句谈话。

——वह कौन है?

——वह कामरेड वांग है।

——वह क्या पढ़ता है?

——वह हिन्दी पढ़ता है।

（1）रामचन्द्र　　अंग्रेज़ी पढ़ना
（2）वर्मा　　विदेशी भाषा पढ़ाना
（3）रामकुमार　　मिडिल स्कूल में काम करना
（4）विमला　　गृहस्थी संभालना
（5）श्याओ वांग　　दफ़तर में काम करना

8. 把下面的陈述句改成祈使句：

（1）तू दूध पीता है।
（2）तुम बिस्कुट और केक खाते हो।
（3）आप गांव में नहीं जाते।
（4）तुम लोग यूनिवर्सिटी में नहीं जाते।
（5）तू नहीं दौड़ता।
（6）आप लोग गाना गाते हैं।

9. 就下列句子的画线部分提问：

（1）यह हिन्दी पढ़ता है।
（2）वे इतिहास पढ़ते हैं।
（3）वह युवती काम करती है।
（4）तुम रात को दस बजे सोती हो।
（5）आप मिडिल स्कूल में पढ़ते हैं।
（6）ये नौ बच्चे गाना सुनते हैं।
（7）वह क़लम है।
（8）वह छात्रा शाम को कसरत करती है।

10. 用现在经常时填空。

（1）ये लोग काम________（करना）।

（2）वह लड़की हिन्दी और अंग्रेज़ी ________（पढ़ना）।

（3）विमला की चाची रोज़________（आना）।

（4）हम सुबह चाय________（पीना）।

（5）क्या तुम रोज़ टेलीविज़न ________（देखना）？

（6）आप रोज़ शाम को अख़बार ________（पढ़ना）।

（7）वे लोग नौ बजे यूनिवर्सिटी________（जाना）।

（8）मैं रोज़ केक और बिस्कुट ________（खाना）।

（9）क्या आप काफ़ी ________（पीना）？

（10）क्या तू मिठाई ________（खाना）？

11. 翻译下面的句子：

（क）

（1）我们每天上午十点到教室去。

（2）他们都在北京工作。

（3）婶婶每天都到这儿（यहां）来。

（4）她们天天跳舞。

（5）沃尔马的姥姥不工作。

（6）小王的妈妈每天五点回家。

（7）你们一起游泳吗？

（8）我们课后做体操。

（9）爷爷天天早上散步。

（10）苏雷士的妹妹傍晚跑步。

第十二课 बारहवां पाठ

（ख）

（1）您散步去吧。

（2）她是苏雷士的妹妹吗？

（3）请您喝茶。

（4）你就在这儿吃早点吧。

（5）她是王老师的奶奶。

12. 把下面的肯定句改为否定句：

（1）काका नौ बजे स्कूल जाते हैं ।

（2）काकी घर में गृहस्थी संभालती है।

（3）वे रोज़ सुबह हिन्दी पढ़ती हैं।

（4）वह रोज़ सुबह गाना गाता है।

（5）ये लोग दस बजे बिस्कुट खाते हैं और दूध पीते हैं।

（6）कामरेड वांग के नाना दोपहर को घर वापस जाते हैं।

（7）वह बच्चा अक्सर मिठाई खाता है।

（8）अध्यापिका चीनी पढ़ाती हैं।

（9）हम साथ साथ शहर जाते हैं।

（10）यह युवती शाम को दौड़ती है।

13. 用下面所给的词语造句：

（1）दादी, गाना, नहीं, गाना

（2）चीनी, विद्यार्थी , हिन्दी, अंग्रेज़ी, और, पढ़ना

（3）मेरे, सहपाठी, रोज़ सुबह, बहुत जल्दी, उठना

（4）वह युवती, रोज़, नदी में , तैरना

（5）वे, उपन्यास, अक्सर, पढ़ना

（6）तुम, यह , बताना

（7）तू, जाना, वहां

（8）आप, यह काम, करना

14. 背诵本课课文和动词现在经常时构成表。

15. 阅读练习：

राम सुबह छै बजे उठता है। सात बजे नाश्ता करता है, फिर स्कूल जाता है। वह स्कूल में चीनी, अंग्रेज़ी आदि विषय पढ़ता है।

बारह बजे वह दोपहर का खाना खाता है। दो बजे वह फिर स्कूल जाता है और पढ़ता है।

शाम को वह कसरत करता है। वह कभी बास्केटबाल खेलता है, कभी वालीबाल खेलता है। वह दौड़ता भी है।

फिर रात को सात बजे वह खाना खाता है। इस के बाद अख़बार, पाठ आदि पढ़ता है। कभी कभी वह सिनेमा या टेलीविजन भी देखता है। रोज़ रात को दस बजे वह सोता है।

राम（人名）罗摩

सात（数）七

बारह बजे（副）12 点

दोपहर का खाना　午饭

कभी कभी 有时

बास्केट-बाल（阳）篮球

खेलना（及）玩（球，牌等）

वाली-बाल（阳）排球

第十三课　तेरहवां पाठ

पाठ	हमारा कमरा
बातचीत	एक दिन का प्रोग्राम
व्याकरण	1. 名词
	2. 不带后名词复数

课文　पाठ

हमारा कमरा

यह हमारा कमरा है। इस में कुल चार लड़के रहते हैं। हमारा कमरा बहुत हवादार और रोशनीदार है। इस में तीन खिड़कियां हैं। इधर एक खिड़की है, उधर दो खिड़कियां हैं। दीवार पर दो कैलेंडर, अनेक तस्वीरें और दो नक्शे हैं।

ये हमारे पलंग हैं। ये हमारी रज़ाइयां, तकिये, बिस्तर और चादरें हैं। देखिये, यह मेरा पलंग है, इस पर मैं सोता हूँ। पलंग के नीचे मैं जूते और स्लीपर रखता हूँ।

यहां चार मेजें हैं। यह मेरी मेज़ है। मेज़ में दो दराजें हैं। मेज़ पर दवात और कलम हैं।

ये हमारी कुर्सियां हैं। यह मेरी कुर्सी है।

यहां चार अलमारियां भी हैं। हां, यह मेरी अलमारी है, इस में मेरी क़िताबें, पत्रिकाएं, लिफ़ाफे इत्यादि चीजें हैं। अलमारी के ऊपर मेरा संदूक है। संदूक में मेरे कोट, कमीजें, टोपियां, रूमाल इत्यादि चीजें हैं। वाशबेसिन में मैं साबुन, टूथब्रश, टूथपेस्ट वग़ैरह रखता हूँ।

वह हमारी खूंटी है। खूंटी पर हम कपड़े और तौलिये टांगते हैं।

हमारा कमरा बहुत साफ़-सुथरा है। हम चार लड़के अच्छे सहपाठी हैं। हम यूथ लीग के सदस्य हैं। हम कभी झगड़ा नहीं करते। हम मेल से रहते हैं और मेहनत से पढ़ते हैं।

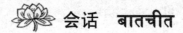

会话 बातचीत

एक दिन का प्रोग्राम

क: आप कब उठते हैं?

ख: मैं छै बजे उठता हूँ।

क: उठने के बाद आप क्या करते हैं?

ख: उठने के बाद दौड़ता हूँ। फिर मुँह-हाथ धोता हूँ।

क: आप कब नाश्ता करते हैं?

ख: मैं सात बजे नाश्ता करता हूँ।

क: इस के बाद क्या करते हैं?

ख: इस के बाद क्लास-रूम जाता हूँ।

क: आप कब दोपहर का खाना खाते हैं?

ख: बारह बजे दोपहर का खाना खाता हूँ।

क: आप कब कसरत करते हैं?

ख: मैं शाम को पांच बजे कसरत करता हूँ।

क: रात को आप क्या करते हैं?

第十三课　तेरहवां पाठ

ख: रात को मैं हिन्दी और अंग्रेजी आदि पढ़ता हूँ।

词汇　शब्दावली

(क)

इस (代) 代词 यह 与后置词
　　　连用时的带后形式
इस में 在这里面
कुल (形) 全部的；整个的
चार (数) 四
रहना (不及) 居住；停留
हवादार (形) 通风的；空气流通的
रोशनीदार (形) 光亮的；光线充足的
तीन (数) 三
खिड़की (阴) 窗户
इधर (副) 这里
उधर (副) 那里
दीवार (阴) 墙
पर (后) 在……上，在……上面
कैलेंडर (阳) 日历
अनेक (形) 多的，大量的
हमारे 我们的 (修饰阳性复数
　　　或单复数带后名词)
पलंग (阳) 床，床位

हमारी 我们的 (修饰阴性名词)
रज़ाई (阴) 棉被
तकिया (阳) 枕头
बिस्तर (阳) 床铺；被褥
चादर (阴) 被单，床单
मेरा 我的 (修饰阳性单数无后
　　　名词)
इस पर 在这上面
के नीचे (后) 在……下面
पलंग के नीचे 在床下面
स्लीपर (阳) 拖鞋
रखना (及) 安置，放，搁
यहां (副) 这里
मेरी 我的 (修饰阴性名词)
दराज़ (阴) 抽屉
दवात (阴) 墨水瓶
बैठना (不及) 坐
पत्रिका (阴) 杂志
लिफ़ाफ़ा (阳) 信封

इत्यादि（副）等等
चीज़（阴）物品，东西
के ऊपर（后）在……上面
अलमारी के ऊपर 在柜子上面
संदूक（阳）箱子
कोट（阳）外套，大衣
मेरे 我的（修饰阳性复数或单复数带后名词）
कमीज़（阴）衬衣
टोपी（阴）帽子
रूमाल（阳）手帕
वाशबेसिन（阳）脸盆
साबुन（阳）肥皂
टूथब्रश（阳）牙刷
टूथपेस्ट（阳）牙膏
वग़ैरह（副）等等
खूंटी（阴）衣架，挂钩
तौलिया（阳）毛巾
टांगना（及）挂
साफ़-सुथरा（形）干净的，清洁的
यूथ लीग（阳）青年团
सदस्य（阳）成员
झगड़ा（阳）争论；吵嘴
मेल से 和睦地，友好地
मेहनत से 努力地

（ख）

दिन（阳）白昼；日
प्रोग्राम（阳）计划；大纲
छै बजे（副）六点钟
सात（数）七
क्लास-रूम（阳）教室

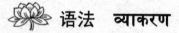

语法 व्याकरण

1. 名词

印地语的名词有阳性和阴性之分。而可数名词由单数变为复数时大多有变化；带后置词的名词和不带后置词的名词的形态也

不一样。所以不仅必须记住每个名词的词性，还必须记住名词变复数和带后置词的变化规则。

印地语的名词在句中可以用作主语、表语、宾语、后置词宾语、宾语补足语和状语等。例如：

अध्यक्ष यहां काम करते हैं।（分别作主语和宾语）

वह तलवार है।（作表语）

आप आज शहर जाइये।（作状语）

2. 不带后置词的名词复数形式

印地语的可数名词由单数变为复数，因词性和词的最后一个音的不同而不同。阳性名词的变化较简单，阴性名词的变化较复杂。现将其变化规则分别列表介绍如下：

（1）阳性名词由单数变复数的变化规则：

变化规则	例 词	
	单	复
以 आ 结尾的 आ 变为 ए	लड़का	लड़के
其他不变	विद्यार्थी	विद्यार्थी

但有少数阳性名词不按此规则变化：

① 少数以 आ 结尾的阳性名词由单数变复数时不变，例如：पिता, नाना, चाचा 等就不变。

② 有少数以 आ 结尾的阳性名词由单数变复数时可变可不变，例如：राजा, दादा 等，可变为 राजे, दादे，但更常见的是不变。

（2）阴性名词由单数变为复数的规则：

变化规则	单	复
以 अ 结尾的 अ 变为 एं	क़िताब	क़िताबें
以 आ 结尾的加 एं	अध्यापिका	अध्यापिकाएं
以 इ 结尾的加 यां	शक्ति	शक्तियां
以 ई 结尾的 ई 变为 इयां	लड़की	लड़कियां
以 उ 结尾的加 एं	धेनु	धेनुएं
以ऊ结尾的ऊ 变为 उएं	बहू	बहुएं
以 या 结尾的 या 变为 यां	चिड़िया	चिड़ियां

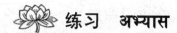

练习 अभ्यास

1. 语音练习：

（1）注意 इ 和 ई 的区别：

इ — निश्चित रिकार्ड विभाग विभिन्न दिल

ई — कई दीवार पहाड़ी पढ़ाई सीखना

（2）注意 च 和 ज 以及 छ 和 झ 的读音区别：

च — चलना चालक चित चुसना चेतना चोपाया

ज — जगना जागरण जिल्द जुआ जब जोहर

छ — छतरी छाती छिपना छुटना छेदना छोला

झ — झगड़ा झाड़ा झिकना झकना झेलना झोला

（3）注意 ज 和 ज़ 的读音区别：

ज — जगह जाति जिस्म जुलाई जेठा जोश

ज़ — ज़ख़्मी ज़ाती ज़िलेदार ज़ुकाम ज़ोर

（4）注意复合辅音的读音：

कक्षा जल्दी खुल्लमखुला विद्युत ज्ञाता ज्येष्ठ ट्रैक्टर

ड्यूटी तत्व तथ्य दुष्ट द्रव्य द्वार

2. 朗读下面的句子：

（1）हम मेहनत से हिन्दी पढ़ते हैं।

（2）वे मेल से रहती हैं।

（3）क्या ये रोज़ सुबह हिन्दी पढ़ते हैं?

（4）यह कपड़ा कितना सुन्दर है।

（5）हम रात को टेलीविज़न नहीं देखते।

（6）आप लोग जल्दी आइये।

3. 回答下面的问题。

（क）

（1）आप का कमरा कैसा है?

（2）दीवार पर क्या क्या चीजें हैं?

（3）आप पलंग के नीचे क्या रखते हैं?

（4）क्या मेज़ में चार दराजें हैं?

（5）अलमारी के ऊपर क्या है?

（6）संदूक में क्या क्या चीजें हैं?

（7）वाशबेसिन में आप क्या रखते हैं?

（8）आप कपड़े और तौलिये कहां रखते हैं?

（9）क्या आप लोग मेल से रहते हैं?

（10）क्या आप लोग अक्सर झगड़ा करते हैं?

（ख）

（1）आप सुबह उठने के बाद क्या करती हैं?

（2）आप क्या खाते हैं? क्या पीते हैं?

（3）क्या वे महिला आप की अध्यापिका जी हैं?

（4）क्या आप का भाई मज़दूर है?

（5）क्या कामरेड वांग सैनिक है?

4. 说出下列名词的复数形式：

नदी	बात	नानी	बच्चा	माता	केला
दफ़तर	युवती	किसान	कहानी	मेज़	छात्रा

5. 说出下列名词的单数形式：

कुर्सियां	चाचियां	शहर	केले	कपड़े	क़िताबें
नक्शे	नावें	घड़ियां	तस्वीरें	बेटियां	नर्सें

6. 翻译下面的词组：

（1）四种语言　　（2）五个女学生

（3）九部电影　　（4）十个小伙子

（5）五栋楼房　　（6）两张床

（7）三间房　　（8）七只手表

（9）伟大的祖国　　（10）外国专家

（11）我的两个女儿　　（12）三个护士

（13）我们的衣服　　（14）我们的教室楼

7. 改错：

   (1) यहां पांच तस्वीर हैं।

   (2) यहां तीन लड़की रहती है।

   (3) क्या ये आप का लिफ़ाफे हैं?

   (4) यहां दो लड़का हैं।

   (5) मेज़ में दो दराज़ है।

   (6) वहां नौ महिला हैं।

   (7) बेइजिंग में बहुत अस्पतालें हैं।

   (8) क्या आप उपन्यालें पढ़ते हैं?

   (9) यहां दो अध्यापक रहती हैं।

   (10) क्या तुम बेइजिंग में रहता है?

8. 用指定的词语完成下面的句子。

   (1) वहां चार _____ (वाशबेसिन होना)।

   (2) दो _____ (छात्र) हिन्दी _____ (पढ़ना)।

   (3) ये उस की _____ (कमीज़ होना)।

   (4) वे मेरी _____ (टोपी होना)।

   (5) हमारी सात _____ (अलमारी होना)।

9. 用指定的词语造句。

   (1) मेहनत से, वे, हिन्दी, अंग्रेज़ी, और, पढ़ना

   (2) हम, वाशबेसिन, के नीचे, पलंग, रखना

   (3) में, वाशबेसिन, साबुन, टूथब्रश, और, टूथपेस्ट, होना

   (4) मैं, रखना, संदूक में, कोट, कमीजें, रूमाल, और

   (5) रात को, हम, नहीं, टेलीविज़न, देखना

(6) रहना, मेल से, लड़कियां

10. 分析下列句子的成分：

(1) हम बहुत मेहनत से हिन्दी पढ़ते हैं।

(2) वह अच्छा लड़का है।

(3) पलंग के नीचे मैं जूते और स्लीपर रखती हूँ।

11. 翻译下面的句子：

(क)

(1) 这儿有五只表。

(2) 这里面有三个橱柜。

(3) 五个女生住在这里。

(4) 那里有许多楼房。

(5) 我们把书和杂志等东西放在橱柜里。

(6) 四个男孩和五个女孩每天都到这儿来。

(7) 桌子有六个抽屉。

(8) 这是四件外套。

(9) 那是六件衬衣。

(10) 这儿有五个老师。

(ख)

(1) 她把肥皂、牙刷等放在什么地方？

(2) 你们学习很努力。

(3) 她们经常吵架吗？

(4) 请您快起来。

(5) 谁住在这里？

第十三课　तेरहवां पाठ

12. 回答问题：
　　（1）阳性名词由单数变为复数的规则是什么？有什么例外？
　　（2）阴性名词由单数变为复数有几条规则？请快速说出各种
　　　　变化规则。

13. 用 दैनिक कार्यक्रम 为题，互相问答。

14. 背诵本课课文和名词变化规则表。

15. 阅读下文，然后指出哪些名词是复数，并说出其单数形式：
　　　　यह दुकान है। हम अक्सर यहां ज़रूरी चीजें ख़रीदते हैं, क्योंकि इस में बहुत चीजें हैं। यहां तरह तरह के कपड़े हैं। ये फूलदार कपड़े हैं। वे सूती कमीज़ें हैं। ये ऊनी कोट हैं। वे शर्टें हैं। वहां तरह तरह के जूते हैं, वे बूट और स्लीपर बहुत बढ़िया हैं। यहां वाशबेसिन और गिलास आदि चीजें हैं। वहां टूथब्रश, टूथपेस्ट, साबुन, सुगंधित साबुन और इत्र इत्यादि चीजें हैं।

दुकान（阴）商店　　　　　　ऊनी（形）毛的
ज़रूरी चीजें 必需品　　　　शर्ट（阴）衬衣
ख़रीदना（及）买　　　　　　बूट（阳）皮靴
क्योंकि（连）因为　　　　　गिलास（阳）杯子，玻璃杯
तरह तरह के 各种各样的　　　सुगंधित（形）香的
फूलदार（形）花的　　　　　सुगंधित साबुन 香皂
सूती（形）棉的　　　　　　इत्र（阳）香水

第十四课　चौदहवां पाठ

पाठ	क्लास-रूम
बातचीत	कक्षा के बारे में
व्याकरण	1. 现在进行时
	2. 名词单数带后形式
	3. 连接词 इसलिए 的用法

课文　पाठ

क्लास-रूम

यह क्लास-रूम है। अध्यापिका जी पढ़ा रही हैं। विद्यार्थी पढ़ रहे हैं। अध्यापिका जी पाठ समझा रही हैं। वे ज़ोर से बोल रही हैं, और चाक से बोर्ड पर कुछ लिख रही हैं। विद्यार्थी ध्यान से सुन रहे हैं। कुछ विद्यार्थी बालपेन से कापी में नोट कर रहे हैं। कुछ विद्यार्थी पेंसिल से क़ाग़ज़ पर नकल कर रहे हैं।

अभी भूगोल या इतिहास की कक्षा नहीं हो रही है। अभी हिन्दी भाषा की कक्षा हो रही है।

देखिये, अध्यापिका जी अभ्यास करा रही हैं। वे इमला बोल रही हैं। लड़के

अभ्यास कर रहे हैं। वे इमला लिख रहे हैं।

अध्यापिका जी एक लड़के से सवाल पूछ रही हैं। वह लड़का जवाब दे रहा है। उस का जवाब ठीक नहीं है। इसलिए लोग हंस रहे हैं। वह झेंप रहा है।

एक लड़की उच्चारण कर रही है। वह अक्षर, शब्द, वाक्यांश और वाक्य सुना रही है। उसका उच्चारण बहुत अच्छा है। इसलिए अध्यापिका जी मुस्करा रही हैं। सब लोग वाहवाही कर रहे हैं।

अब लड़के अनुवाद का अभ्यास कर रहे हैं। एक लड़का चीनी का हिन्दी में अनुवाद कर रहा है। एक लड़की हिन्दी का चीनी में अनुवाद कर रही है।

ये विद्यार्थी रोज हिन्दी की कक्षा में बैठते हैं और बहुत अच्छी तरह हिन्दी सीखते हैं।

会话 बातचीत

कक्षा के बारे में

क: कहिये, आज कक्षा है?

ख: जी हां, आज हिन्दी की कक्षा है।

क: आप का पाठ आसान है या मुश्किल?

ख: जी, अध्यापक जी कहते हैं, बहुत मुश्किल नहीं है।

क: हिन्दी के अलावा आप और क्या पढ़ते हैं?

ख: हिन्दी के अलावा मैं साहित्य, इतिहास आदि विषय भी पढ़ता हूँ।

क: अब क्या समय है?

ख: मेरी घड़ी में सात बजे हैं।

क: सात बजे। तो फिर कक्षा के लिए तैयारी कीजिये।

ख: अच्छा, नमस्ते।

क: नमस्ते।

词汇 शब्दावली

（क）

क्लास（阳）课，年级，班，教室
रूम（阳）房间
क्लास-रूम（阳）教室
कक्षा（阴）课，年级，班
के बारे में（后）关于
समझाना（及）解释，讲解
ज़ोर（阳）力量，精力
ज़ोर से 用力地
बोलना（不及，及）说，讲
चाक（阳）粉笔
से（后）用以表示工具
बोर्ड（阳）黑板
लिखना（及）写
ध्यान（阳）注意，注意力
ध्यान से（副）注意地，用心地
बालपेन（阴）圆珠笔
कापी（阴）笔记本，练习
नोट（阳）笔记，记录
--- करना 作笔记，记录
पेंसिल（阴）铅笔
क़ाग़ज़（阳）纸，文件
का अभ्यास करना 做练习
का अभ्यास कराना 使做练习
नकल（阴）抄写
（की）--- करना 抄写
अभी（副）现在，马上
कराना（及）让作，使作
इमला（阳）听写
--- बोलना 听写（念）
--- लिखना 听写（写）
（से）सवाल पूछना 提出问题
जवाब（阳）回答，答复
（का）--- देना 回答
ठीक（形）正确的
हंसना（不及）笑
झेंपना（不及）害羞，难为情
उच्चारण（阳）发音，语音
（का）--- करना 发音
अक्षर（阳）字母
शब्द（阳）词，话语

वाक्यांश（阳）短语
वाक्य（阳）句子
सुनाना（及）讲述，叙述
इसलिए（连）因此，所以
मुस्कराना（不及）微笑
वाहवाही（阴）赞美
--- करना 赞美；喝彩
अनुवाद（阳）翻译
--- करना 翻译
अच्छी तरह 很好地，好好地
सीखना（及）学习

（ख）

आसान（形）容易的
या（连）或，或者
मुश्किल（形）困难的
（阴）困难，艰难
कहना（及）说，讲，称作，名叫
के अलावा（后）除……以外，此外
और（副）还，更
साहित्य（阳）文学
समय（阳）时间
के लिए（后）为了
तैयारी（阴）准备
（की）--- करना（及）准备

语法　व्याकरण

1. 现在进行时

（1）印地语现在进行时一般表示说话人说话时正在进行的动作，有汉语“正在……”的意思。

（2）印地语现在进行时的构成是：动词根＋रहा（रहे ,रही）हूँ（है, हैं, हो）。现在以动词 सीखना 为例，示其构成形式如下表：

性 / 构成形式 / 代词	阳性	阴性
मैं	सीख रहा हूँ	सीख रही हूँ
तू, यह, वह	सीख रहा है	सीख रही है
हम, आप, वे, ये	सीख रहे हैं	सीख रही हैं
तुम	सीख रहे हो	सीख रही हो

（3）动词现在进行时的否定式是在动词根前加否定语气词 नहीं，现在仍以 सीखना 为例，示其构成形式如下表：

性 / 否定形式 / 代词	阳性	阴性
मैं	नहीं सीख रहा हूँ	नहीं सीख रही हूँ
तू，यह，वह	नहीं सीख रहा है	नहीं सीख रही है
हम, आप, वे, ये	नहीं सीख रहे हैं	नहीं सीख रही हैं
तुम	नहीं सीख रहे हो	नहीं सीख रही हो

（4）例句：

वह मुंह-हाथ धो रहा है। 他在洗脸。

हम बातचीत कर रहे हैं। 我们在谈话。

वह लड़की दौड़ रही है। 那姑娘在跑步。

वे संगीत नहीं सुन रही हैं। 她们没有听音乐。

2. 名词单数带后形式

名词单数带后置词时有的有变化，有的无变化，其规则如下：

（1）以 आ 结尾的阳性名词变复数时变 आ 为 ए 者，均需将 आ 变为 ए。

（2）以 आ 结尾的阳性名词变复数时可变可不变者，亦可变可不变。

（3）以 आ 结尾的阳性名词变复数时不变者和以其他音结尾的阳性名词及阴性名词一律不变。

例如：

单数无后形式	单数带后形式
नक़्शा	नक़्शे
पिता	पिता
दादा	दादा
महिला	महिला
महासागर	महासागर

3. 连接词 इसलिए 的用法

इसलिए 是因果连接词，用于连接两个同等的有因果关系的分句，前一个分句表示原因，后一个分句表示结果。इसलिए 一般用于后一个分句的句首。例如：

अध्यापिका जी व्याकरण समझा रहे हैं, इसलिए सब विद्यार्थी ध्यान से सुन रहे हैं।

老师在讲解语法，所以学生都听得很认真。

हमारा पुस्तकालय बहुत अच्छा है, इसलिए हम अक्सर पुस्तकालय में पढ़ते हैं।

我们的图书馆很好，所以我们常常在图书馆里学习。

练习 अभ्यास

1. 语音练习：

（1）注意 उ 和 ऊ 的区别：

उ — उच्चारण उधार पुस्तक सुना पुकारना

ऊ — ऊबना ख़ूब खेलकूद पूर्वी फूल

（2）注意非送气音和送气音的区别：

ट — टकराना टांग टिकट टुकड़ा टेकनिकल

ठ — ठहरना ठांसना ठिकाना ठुमरी ठेकेदार

ड — डटना डांस डिगरी डूबना डोला

ढ — ढलना ढांचा ढिठाई ढूंढना ढोल

（3）注意下面带点字母的读音：

डांड़ी झगड़ा झाड़ बाड़ा बाढ़ बाढ़ी

पीड़ित बड़े तड़कना ढाढ़स ढेंढ़ी ढूंढ़-ढांढ़

（4）注意复合辅音的读音：

ड्योढ़ा ट्रेरिंग ड्यूटी तालस्वर तिरस्कार उत्पादन

त्याज्य दुर्मूल्य द्वारा द्वंद्ववादी प्रतिक्रियावादी बत्ती

बत्तख़ मच्छर राज्य राष्ट्रिय विध्वंस विशिष्ट

2. 朗读下面的句子：

（1）उस के पिता जी बेइजिंग में काम करते हैं।

（2）मेरी माता जी उस से बातचीत कर रही हैं।

（3）क्या आप इतिहास सीख रहे हैं?

（4）बताओ तुम क्या काम कर रही हो?

（5）वह अंग्रेजी नहीं पढ़ रहा है।

第十四课　चौदहवां पाठ

3. 回答问题：

(1) कौन पढ़ा रही है?

(2) अध्यापिका जी क्या समझा रही हैं?

(3) क्या आप लोग ध्यान से सुन रहे हैं?

(4) क्या कक्षा नहीं हो रही है?

(5) लड़के क्या कर रहे हैं?

(6) क्या वह लड़का ठीक जवाब दे रहा है?

(7) किस का उच्चारण बहुत अच्छा है?

(8) क्या लड़के अनुवाद का अभ्यास नहीं कर रहे हैं?

4. 说出下列动词现在进行时的八种形式。

उठना　　नाचना　　पूछना　　लेना

5. 将下面的陈述句改为疑问句，并作否定回答：

(1) वे दोनों घड़ी देख रहे हैं।

(2) उस का सहपाठी ज़ोर से हिन्दी पढ़ रहा है।

(3) भारतीय विशेषज्ञ अख़बार पढ़ रहा है।

(4) आप के काका जी ऑफिस में काम करते हैं।

(5) पांच मछलियां पानी में तैर रही हैं।

(6) तुम विदेशी भाषा पढ़ते हो।

(7) वह मज़दूर अच्छी तरह गाना गा रहा है।

(8) मेरा छात्रावास साफ़-सुथरा है।

6. 用现在进行时填空：

(1) लड़कियां कसरत＿＿＿＿＿＿।

（2）हम एक साथ नाश्ता_____।

（3）वे यहां वापस_____।

（4）उस की काकी जी आराम_____।

（5）कामरेड वांग मेहनत से इतिहास_____।

（6）क्या तुम ध्यान से संगीत_____?

（7）तू मिठाई_____।

（8）क्या आप उपन्यास_____?

7. 改错：

（1）वह युवती कहां रहता है?

（2）छात्राएं क्लास-रूम में बिस्कुट नहीं खाती।

（3）एक कर्मचारी रोज़ दफ़तर में काम करते हैं।

（4）हम मेल से यहां रहता हूँ।

（5）उस की दो बहन मिडिल स्कूल में पढ़ती है।

（6）क्या आप दोपहर को पुस्तकालय में पढ़ते हो?

（7）तुम कालेज में हिन्दी भाषा पढ़ते हैं।

（8）वे साथ साथ यूनिवर्सिटी जाता है।

8. 翻译下面的词组：

（1）中国农民　　　　（2）很好的战士

（3）三条河流　　　　（4）五件衣服

（5）印度农业　　　　（6）聪明的男孩

（7）优秀的护士　　　（8）亲密的关系

（9）许多桌子　　　　（10）很多书

（11）彩色照片　　　（12）社会主义国家

（13）伟大的主席　　（14）用笔写

第十四课　चौदहवां पाठ

9. 把下面的陈述句改为否定句：

(1) वह अक्सर वहां से घी लाती है।

(2) उस का भाई चाय पी रहा है।

(3) वे लोग एक द्वीप पर रहते हैं।

(4) छात्राएं बाहर जा रही हैं।

(5) उन की बेटी प्राइमरी स्कूल में पढ़ाती है।

(6) मेरी दादी जी घर में रहती हैं।

(7) वे ट्राम से यहां आते हैं।

(8) नौजवान छात्र ज़ोर से हंस रहे हैं।

10. 就下面句子的画线部分提问：

(1) मेरे दादा जी <u>एक अस्पताल में</u> काम करते हैं।

(2) दीवार पर एक <u>विश्व-नक्शा</u> है।

(3) ये <u>सुरेश</u> के जूते हैं।

(4) वे <u>सिनेमा</u> देख रही हैं।

(5) उस की चाची रोज़ सुबह <u>छ: बजे</u> उठती है।

11. 翻译下面的句子：

(क)

(1) 他正在讲解课文。

(2) 我们都在认真地听。

(3) 女生们在大声地唱歌。

(4) 你正在干什么？

(5) 我正在做练习。

(6) 您在从汉语译成印地语吗？

（7）他们正在练习语音。

（8）你们正在作笔记吗？

（ख）

（1）小李经常用粉笔在黑板上写字。

（2）我不用圆珠笔做笔记。

（3）她们不学习历史。

（4）你们不要回答。

（5）请您不要抄在纸上。

12. 用现在进行时造句：

（1）गाय, चलना, वहां

（2）लड़का, ज़ोर से, हंसना

（3）लड़कियां, विश्व-नक्शा, ध्यान से, देखना

（4）वे, बोलपेन से, कापी पर, कुछ, लिखना

（5）हम, मेहनत से, अभ्यास , करना

（6）अभ्यास, कराना, अध्यापक जी

（7）तुम, क्या, विषय, पढ़ना

（8）आप, किस से, करना, बातचीत

13. 背诵现在进行时构成表和课文。

14. 用所给词汇仿照例句谈话。

（1）श्याओ वांग कहां है?

——वे कमरे में है।

——वह क्या कर रहा है?

——वह अभ्यास कर रहा है।

1. छात्रावास में	कपड़ा धोना
2. पुस्तकालय में	मेहनत से पढ़ना
3. कक्षा में	पढ़ना
4. ऑफिस में	काम करना

(2) —— लड़कियां कहां हैं?

—— वे बाहर हैं।

—— वे बाहर क्या कर रही हैं?

—— वे बाहर दौड़ रही हैं।

1. कमरे में	संगीत सुनना
2. दफ़्तर में	बातचीत करना
3. नाव में	गाना गाना
4. घर में	गृहस्थी संभालना

15. 以 हमारा छात्रावास 为题互相问答，并说一段话。

16. 阅读下文，然后将肯定句改为否定句：

हम विश्वविद्यालय के विद्यार्थी हैं। वह इतिहास विभाग का छात्र है। वह चीन का इतिहास और भारत का इतिहास पढ़ता है। वे दो छात्राएं विदेशी भाषा विभाग में हैं। एक लड़की हिन्दी पढ़ती है, और एक लड़की उर्दू पढ़ती है। मैं भी विदेशी भाषा विभाग में हूं। मैं बंगाली पढ़ता हूं।

हम सब मेहनत से पढ़ते हैं। हम मेहनती छात्र हैं।

उर्दू（阴）乌尔都语　　बंगाली（阴）孟加拉语

मेहनती（形）勤劳的，勤奋的

第十五课 पंद्रहवां पाठ

पाठ	हमारा विश्वविद्यालय
बातचीत	समय
व्याकरण	1. 名词复数带后形式
	2. होना 的现在经常时
	3. 时刻表示法

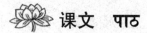

课文 पाठ

हमारा विश्वविद्यालय

हमारा विश्वविद्यालय बहुत बड़ा है। इसमें कुल बीस विभाग हैं। इन विभागों में लगभग पचीस विषयों की पढ़ाई होती है, जैसे दर्शन-शास्त्र, अर्थशास्त्र, कानून, मनोविज्ञान, भूविद्या इत्यादि।

इसमें एक पूर्वी भाषा व साहित्य विभाग और एक पश्चिमी भाषा व साहित्य विभाग भी हैं। इन विभागों में अनेक विदेशी भाषाओं की पढ़ाई होती है।

यहां आठ कक्षा-इमारतें हैं। इन इमारतों में रोज़ विद्यार्थियों की कक्षा होती है।

यहां दो पुस्तकालय हैं। इन पुस्तकालयों में कुल दस वाचनालय हैं। विद्यार्थी इन पुस्तकालयों से किताबें उधार लेते हैं, और इन वाचनालयों में पढ़ते हैं।

यहां तीन व्यायामशालाएं हैं। विद्यार्थी इन व्यायामशालाओं में कसरत करते हैं।

यहां छै प्रयोगशालाएं हैं। विद्यार्थी इन प्रयोगशालाओं में प्रयोग-क्रिया करते हैं।

यहां अनेक दुकानें हैं। विद्यार्थी इन दुकानों से चीज़ें खरीदते हैं। चीज़ों का दाम बहुत सस्ता होता है।

यहां पांच बड़े बड़े भोजनालय भी हैं। विद्यार्थी इन भोजनालयों में खाना खाते हैं। भोजनालयों में मछली, अंडे मिलते हैं, और आलू, टमाटर, ककड़ी, गोभी, मूली, गाजर, पालक इत्यादि तरह तरह की सब्ज़ियां मिलती हैं।

यहां सात छात्रावास हैं। चार छात्रावास लड़कों के हैं। लड़के इन छात्रावासों में रहते हैं। तीन छात्रावास लड़कियों के हैं। लड़कियां इन तीन छात्रावासों में रहती हैं।

हमारा विश्वविद्यालय बहुत अच्छा है। यहां के विद्यार्थी बहुत मेहनत से पढ़ते हैं।

会话 बातचीत

समय

क: क्या समय है?
ख: एक बजा है।
क: क्या बजा है?
ख: साढ़े सात बजे हैं।
क: कै बजे हैं?

ख: सवा तीन बजे हैं।

क: क्या बजा है?

ख: पौन बजा है।

क: क्या समय है?

ख: डेढ़ बजे हैं।

क: क्या बजा है?

ख: सवा बजे हैं।

क: कै बजे हैं?

ख: ढाई बजे हैं।

क: क्या बजा है?

ख: पौने तीन बजे हैं।

क: क्या समय है?

ख: बारह बजकर पांच मिनट हैं।

क: कै बजे हैं?

ख: ग्यारह बजने में बीस मिनट हैं।

词汇 शब्दावली

(क)

बड़ा（形）大的

बीस（数）二十

इन（代）代词ये的带后形式

पचीस（数）二十五

पढ़ाई（阴）学习，功课；教书，教学

जैसे（副）如，例如

दर्शनशास्त्र（阳）哲学

अर्थशास्त्र（阳）经济学

कानून（阳）法律

मनोविज्ञान（阳）心理学

भूविद्या（阴）地质学

पूर्वी（形）东方的

व（连）和，同

पश्चिमी（形）西方的

वाचनालय（阳）阅览室

उधार（阳）借；贷款，信贷

--- लेना 借入，借来

व्यायामशाला（阴）体育馆

छै（数）六

प्रयोगशाला（阴）实验室

प्रयोग-क्रिया（阴）实验，试验

दुकान（阴）商店

ख़रीदना（及）买

दाम（阳）价格，价钱

सस्ता（形）便宜的，廉价的

भोजनालय（阳）餐厅

मछली（阴）鱼

अंडा（阳）蛋

मिलना（不及）得到，获得，买到

आलू（阳）土豆

टमाटर（阳）西红柿

ककड़ी（阴）黄瓜

गोभी（阴）白菜

मूली（阴）萝卜

गाजर（阴）胡萝卜

पालक（阳）菠菜

तरह तरह के 各种各样的

सब्ज़ी（阴）蔬菜

（ख）

बजा 点钟（单数）

बजे 点钟（复数）

कै（形）多少

सवा（数）四分之一，加一刻

पौन（数）四分之三

डेढ़（数）一又二分之一

ढाई（数）二又二分之一

पौने （数）差四分之一，差一刻

बारह（数）十二

मिनट（阳）分，分钟

ग्यारह（数）十一

注释 टिप्पणी

इन विभागों में लगभग पचीस विषयों की पढ़ाई होती है, जैसे दर्शनशास्त्र, अर्थशास्त्र, कानून, मनोविज्ञान, भूविद्या इत्यादि।

这些系大约开设了二十五门课程，如哲学、经济学、法律、心理学和地质学等。

जैसे 是副词，这里用于引导列举的事例，后面跟名词，名词后加 इत्यादि, आदि 等。例如：

यहां तरह तरह की चीजें मिलती हैं, जैसे कपड़ा, जूता, किताब, क़लम आदि।

这里各种东西都有，如衣服、鞋子、书籍和笔等。

语法 व्याकरण

1. 名词复数带后形式

（1）名词复数由于词性和尾音的不同，其带后形式有不同的变化。现列表示其变化规则如下：

变化规则	词性	例词 单数 无后形式	复数 带后形式
以辅音结尾的加 ओं	阳	घर	घरों
	阴	बहन	बहनों
以आ结尾的阳性变आ类名词आ变ओं	阳	लड़का	लड़कों

第十五课　पंद्रहवां पाठ

以 आ 结尾的阴性名词加 ओं	阴	कक्षा	कक्षाओं
以 इ 结尾的加 यों	阳	मुनि	मुनियों
	阴	शक्ति	शक्तियों
以 ई 结尾的，将 ई 变为 इ 再加 यों	阳	सहपाठी	सहपाठियों
	阴	लड़की	लड़कियों
以 उ 结尾的加 ओं	阳	साधु	साधुओं
	阴	धेनु	धेनुओं
以 ऊ 结尾的将 ऊ 变为 उ 再加 ओं	阳	डाकू	डाकुओं
	阴	बहू	बहुओं
以 या 结尾的阴性名词 या 变 यों		चिड़िया	चिड़ियों
以 आ 结尾的不变类阳性名词加 ओं		पिता	पिताओं
以 आ 结尾的可变可不变阳性名词 将 आ 变 ओं 或加 ओं		दादा	दादों दादाओं

（2）后置词短语的语法功能

后置词本身不能用作句子的成分，但后置词短语则能作句子的成分。印地语的后置词短语在句子中可以起除动词谓语外的任何成分的作用。例如：

<u>उठने के बाद</u> यहां आइये।（状语）

वह <u>चीन का</u> साहित्य पढ़ता है।（定语）

यह कपड़ा <u>कामरेड वांग का</u> है।（表语）

अध्यापिका जी <u>छात्रों को</u> पढ़ा रही हैं।（宾语）

2. होना 的现在经常时

联系动词 होना 的现在时形式 है, हैं 等和现在经常时 होता है, होती है, होते हैं, होती हैं 等在意义上有区别。होना 的现在经常时表示普遍的、习惯的现象、真理等，而现在时形式表示的是普遍的、特指的情况。例如：

आदमी की दो आँखें होती हैं।	人都有两只眼睛。
वह लड़की बहुत सुन्दर है।	那姑娘很美。
इन इमारतों में रोज़ कक्षा होती है।	这些楼里每天都有课。
आज क्लास नहीं है।	今天没有课。

3. 时刻表示法

印地语表示时刻的方法如下：

（1）如果是一点钟，就用 एक बजा；如果是整点数复数，则用"点钟数＋बजे"这个方式。例如：

तीन बजे हैं।	三点钟。
बारह बजे हैं।	十二点钟。

（2）一点半，则说 डेढ़ बजे।

（3）如果是两点半，就用 ढाई बजे।

（4）一点一刻可以直接用 सवा बजे 来表示，而超过两点以上的整数钟点又一刻，则用"सवा＋钟点数＋बजे"这个方式。例如：

सवा दो बजे हैं।	两点一刻。
सवा दस बजे हैं।	十点一刻。

（5）如果是超过三点以上的整数钟点又半个小时，就用"साढ़े＋

钟点数＋बजे” 这个形式，例如：

साढ़े तीन बजे हैं। 三点半。
साढ़े पांच बजे हैं। 五点半。

（6）如果是差一刻到两点以上的整数钟点，则用“पौने＋即将到的整数钟点＋बजे” 这个形式，例如：

पौने दो बजे हैं। 一点三刻。
पौने बारह बजे हैं। 十一点三刻。

（7）如果带分数钟，而又不超过半小时，就用“钟点数＋बजकर＋分钟数” 这个形式。这里 बजकर 是“响过”“过”的意思，表示“几点过几分”。例如：

एक बजकर पचीस मिनट हैं। 一点二十五分。
आठ बजकर तीन मिनट हैं। 八点三分。

（8）如果带的分数超过半小时，就用“钟点数＋बजने में ＋分钟数＋मिनट” 这种形式，这里 बजने में 是“未响”“未到”的意思，表示“几点差几分”。例如：

एक बजने में दस मिनट हैं। 一点差十分。
पांच बजने में आठ मिनट हैं। 四点五十二分。

但差一刻一点还可以用 पौन बजा 来表示。

练习 अभ्यास

1. 语音练习：

（1）注意单元音 ए 和复合元音 ऐ 的区别：

ए — एक　केला　खेती　गेट　चेतना　नेक

ऐ — ऐसा　कैसा　ख़ैर　मैला　चैला　नैतिक

（2）注意非送气音和送气音的区别：

त — तलाक़　ताक़त　तीर　तुतलाना　तेल　तोता

थ — थकाकट　थाना　थिराना　थुथलाना　थेगली　थोक

द — दत्तक　दाल　दिल　दुलार　दैवी　दौर

ध — धरना　धातु　धीर　धुलाना　धैर्य　धोल

（3）注意 त 和 द, थ 和 ध 的区别：

त — तमाचा　ताज़ा　तिल　तूलिका　तैसा　तौर

द — दफ़ा　दाख़िल　दिया　दूतावास　दैजूर

थ — थकान　थाती　थीसिस　थूकदान　थेला　थोपना

ध — धबधब　धाराधीरा　धुलाई　धेला　धोबी

2. 以正确的语调朗读下面的句子：

（1）अरे, यह कितना अच्छा कमरा है।

（2）तुम जाओ।

（3）छात्र पांच छात्रवासों में रहते हैं।

（4）क्या छात्राएं पांच इमारतों में रहती हैं ?

第十五课　पंद्रहवां पाठ

3. 分析下面的句子：

(1) वे मेहनत से भारत का साहित्य पढ़ते हैं।

(2) हम रोज़ सुबह उठने के बाद दौड़ते हैं।

(3) उस की छोटी बहन कब स्कूल जाती है?

(4) मैं कुर्सी पर बैठता हूं।

(5) यह क्लास-रूम आप लोगों का है।

4. 用指定的词的适当形式填空：

(1) ये＿＿＿＿（युवती）दो＿＿＿＿＿（कमरा）में＿＿＿＿＿（रहना）हैं।

(2) वे＿＿＿＿（तलवार）पांच＿＿＿＿（छात्र）की＿＿＿＿（होना）।

(3) अध्यापक जी＿＿＿＿＿（दो विद्यार्थी）से बातें कर रहे हैं।

(4) ये＿＿＿＿＿（चित्र）इन पांच＿＿＿＿＿（किसान）के हैं।

(5) वे＿＿＿＿＿（किताब）छै＿＿＿＿＿（चीनी）की हैं।

(6) यहां लगभग दस＿＿＿＿＿（घड़ी）हैं।

(7) पांच＿＿＿＿＿（महिला）की तस्वीरें यहां हैं।

(8) छात्राएं उन＿＿＿＿＿（इमारत）में नहीं＿＿＿＿＿（रहना）।

5. 回答问题：

(क)

(1) आप लोगों का विश्वविद्यालय कैसा है?

(2) आप के विश्वविद्यालय में क्या क्या विभाग हैं?

(3) आप किस विभाग में पढ़ते हैं?

(4) कक्षा कहां होती है?

(5) आप अक्सर कहां पढ़ते हैं?

(6) क्या आप पुस्तकालय से किताब उधार लेते हैं?

(7) विद्यार्थी कहां खाना खाते हैं, और क्या खाते हैं?

(8) आप लोग कहां कसरत करते हैं?

(9) क्या आप लोग अक्सर प्रयोग-क्रिया करते हैं?

(10) आप कहां चीजें ख़रीदते हैं?

(ख)

(1) रात को तुम कब सोती हो?

(2) आप का छात्रावास कैसा है?

(3) क्या श्याओ ली रोज़ नहाता है?

(4) क्या उस लड़की की सहेली मांस खाती है?

(5) तुम सुबह उठने के बाद क्या करते हो?

6. 快速说出下列名词的复数带后形式：

माता   अध्यक्ष   चाचा   काका   मेज़   अध्यापिका

क्रिया   युद्ध   सहेली   पहाड़   बात   झंडा

7. 改错：

(1) वह कुछ मित्र के चित्र देख रही हैं।

(2) यह दफ़्तर कुछ कर्मचारी का है।

(3) मेरे चाचा के दो बेटी है।

(4) छ: छात्रा जल्दी दौड़ रही हो।

(5) यह उन पांच महिलों का उद्देश्य है।

(6) तुम काफ़ी नहीं पीती।

(7) हम गाय का मांस नहीं खाता है।

(8) वे दोपहर को रोटी और सब्ज़ी खाता है।

第十五课　पंद्रहवां पाठ

8. 翻译下面的词组：

（1）第二场战争　　　　　（2）伟大的战士

（3）明亮的教室　　　　　（4）通风的房间

（5）看电影　　　　　　　（6）看跳舞

（7）八张床　　　　　　　（8）四床被子

（9）很高的山　　　　　　（10）一起走

（11）彩色电视　　　　　　（12）和睦相处

（13）枕头下面　　　　　　（14）用肥皂洗手

9. 把下面句子的画线部分提问：

（1）<u>लड़कियां</u> <u>बातचीत</u> कर रही हैं।

（2）<u>वह</u> सवाल पूछ रहा है।

（3）<u>तुम</u> <u>संगीत</u> सुन रहे हो।

（4）<u>आप</u> <u>अंग्रेज़ी इतिहास और साहित्य आदि विषय</u> पढ़ते हैं।

（5）<u>वह मज़दूर</u> <u>एक मिडिल स्कूल में</u> काम करता है।

10. 把下面的陈述句改为疑问句并作否定回答：

（1）वह युवती प्राइमरी स्कूल में पढ़ाती है।

（2）लड़के नोट कर रहे हैं।

（3）मेरे सहपाठी कक्षा में अभ्यास कर रहे हैं।

（4）सुबह उस की माता जी सिर्फ़ दूध पीती है।

（5）मेरा मित्र बहुत जल्दी दौड़ रहा है।

（6）उस के दादा और दादी घूम रहे हैं।

（7）तुम मांस खाती हो।

（8）बच्चा अक्सर केक खाता है।

（9）आप का भाई चार बजे घर वापस आता है।

（10）श्याओ ली की बहन शाम को यहां आती है।

11. 用指定的词语造句：

（1）लड़कीयां, अब, देखना, सिनेमा

（2）हम, साथ-साथ, करना, कसरत, व्यायामशाला में

（3）नदी में, नहाना , कौन

（4）मैं, रोज़, कक़ड़ी, टमाटर, गोभी, और, आदि, खरीदना

（5）उन, की छोटी बहन, पढ़ना, दर्शनशास्त्र

（6）आराम, करना, अध्यापिका जी, नहीं, दोपहर को

（7）वे, सोना, बारह बजे, रात को

（8）आप, मुंह-हाथ, धोना, जल्दी

12. 翻译下面的句子：

（क）

（1）学生和老师们经常在这些实验室里做实验。

（2）他们正在这些体育馆里做体操。

（3）男同学住三间房，女同学也住三间房。

（4）我们在这个餐厅用餐。

（5）这所大学有十二个系。

（6）我们在这个商店可以买到土豆、萝卜、菠菜、西红柿、鱼和肉等各种东西。

（7）蔬菜的价钱不便宜。

（8）她只吃蔬菜，不吃鱼和肉。

（9）我经常在这些图书馆借书。

（10）东方语言文学系共有十五种语言课程。

（ख）

（1）她们把书放在这些书柜里。

（2）小李把信封和纸放在桌子的三个抽屉里。

（3）请您把衣服和帽子挂在衣架上。

（4）我们大家都把牙刷、牙膏和肥皂放在盆子里。

（5）这些墙上都有画。

13. 用所给词汇仿照例句谈话。

（1）आप कब नाश्ता करती हैं?

मैं सात बजे नाश्ता करती हूं।

फिर क्या करती हैं?

फिर कक्षा जाती हूं।

1. छै बजे,	उठना
2. पौने सात बजे	अख़बार पढ़ना
3. सात बजे	नाश्ता करना
4. साढ़े बारह बजे	घर वापस आना

（2）अब क्या समय (या बजा) है?

अब पौने बारह बजे हैं।

आप क्या कर रहे हैं(या रही है)?

मैं अभ्यास कर रहा हूं (या रही हूं)।

1. डेढ़ बजे	आराम करना

2. ढाई बजे	हिन्दी पढ़ना
3. पांच बजने में बीस मिनट	कपड़ा धोना
4. तीन बजकर दस मिनट	अंग्रेज़ी पढ़ना

14. 看图回答问题：

क्या समय (या बजा) है?

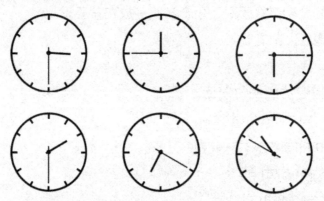

15. 背诵名词复数带后形式变化规则表和课文。

16. 阅读练习：

अध्यापकों का आफ़िस

यह अध्यापकों का आफ़िस है। इस में चार खिड़कियां और दो दरवाज़े हैं। इसलिए यह आफ़िस बहुत रोशनीदार और हवादार है। अध्यापक और अध्यापिकाएं इसमें काम करते हैं। यहां दस कुर्सियां और दस मेज़ें हैं। अध्यापक और अध्यापिकाएं इन कुर्सियों पर बैठते हैं। मेज़ों पर कुछ शब्दकोश और क़िताबें हैं। वे अध्यापकों और अध्यापिकाओं के हैं। इन मेज़ों पर और कुछ अख़बार हैं। यहां तीन अलमारियां भी हैं। इन अलमारियों में तरह तरह की पुस्तकें हैं। अध्यापक और अध्यापिकाएं अक्सर इन पुस्तकों से

第十五课　पंद्रहवां पाठ

अध्ययन का काम करते हैं, और नया ज्ञान प्राप्त करते हैं।

दरवाज़ा（阳）门	नया（形）新的
शब्दकोश（阳）词典	प्राप्त（形）获得的，取得的
पुस्तक（阴）书	प्राप्त करना　获得，取得
अध्ययन（阳）学习，研究	

第十六课　सोलहवां पाठ

पाठ	छुट्टी में
बातचीत	समर-पैलेस
व्याकरण	1. 将来时
	2. जब…तो…的用法
	3. 反问句

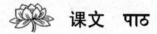　课文　पाठ

छुट्टी में

परसों से हमारी छुट्टी शुरू होगी। छुट्टी में कुछ सहपाठी दूसरी जगह जाएंगे, और सैर-सपाटा करेंगे।

एक लड़का मोटर-साइकिल से कश्मीर जाएगा। वह वहां के सुंदर दृश्य देखेगा और वहां की अच्छी आबोहवा में छुट्टी बिताएगा। वह पहाड़ियों पर चढ़ेगा और झील में नाव चलाएगा।

एक लड़की रेल-गाड़ी से इलाहाबाद जाएगी। वह त्रिवेणी में खूब स्नान करेगी।

बाकी लड़के हवाई-जहाज़ से विदेश-यात्रा करेंगे। एक लड़की इंगलैण्ड की राजधानी लंदन जाएगी। दो लड़के जापान में टोकियो की यात्रा करेंगे।

एक लड़का और एक लड़की अमरीका जाएंगे। लड़का न्यू यार्क में रहेगा और लड़की वाशिंगटन में। एक लड़का पहले फ़्रांस में पेरिस जाएगा, वहां आधे महीने तक ठहरेगा, फिर जर्मनी जाएगा, और वहां तीन हफ़्ते रहेगा। एक लड़की रूस में मास्को जाएगी।

लेकिन मैं कहीं भी नहीं जाऊंगा। मैं दिल्ली में ही ठहरूंगा। मैं रोज़ सुबह घर पर पाठ दोहराऊंगा। दोपहर के बाद खूब खेलूंगा और सैर करूंगा। मैं कभी सिनेमा या नाटक देखूंगा, कभी यमुना नदी के किनारे घूमूंगा, कभी लाल किले में संगीत सुनूंगा।

जब छुट्टी ख़तम होगी, तो सभी विद्यार्थी कैंपस में वापस आएंगे, और पढ़ना शुरू करेंगे।

会话 बातचीत

समर-पैलेस

कः ओ हो! यहां बहुत चहल-पहल है। बहुत लोग यहां घूम रहे हैं।

खः सच है, समर-पैलेस का दृश्य बहुत सुंदर है। देखिये, झील में सैकड़ों आदमी तैर रहे हैं। बहुत लोग नाव चला रहे हैं।

कः ज़रा लम्बा बराम्दा भी देखिये। यहां के चित्र अत्यन्त सुन्दर हैं।

खः वह क्या है?

कः वह संगमरमर की नाव है। चलिये, मैं आप के साथ एक फोटो लेना चाहता हूं। हम वहां फोटो लेंगे।

खः मैं समझता हूं, समर-पैलेस बेइजिंग की सब से सुन्दर जगह है, है न?

कः सच तो है। मगर भाई, शहर में बेइहाई पार्क , कूकुङ-अजायब घर इत्यादि

जगहें भी बहुत सुन्दर हैं। आप ज़रूर देखिये।
ख: आज आप मेरे साथ वहां भी चलेंगे?
क: अच्छा, ज़रूर।

词汇　शब्दावली

(क)

छुट्टी（阴）空闲时间，假期
परसों（副）前天，后天
शुरू（阳）开始
--- होना（不及）开始
--- करना（及）开始
जगह（阴）地方，地点
दूसरी जगह　其他地方，别的地方
सैर-सपाटा（阳）旅行
--- करना（及）旅行
मोटर-साइकिल（阴）摩托车
कश्मीर（地名）克什米尔
वहां（副）那里
दृश्य（阳）景象，景色
आबोहवा（阴）气候
बिताना（及）度过
पहाड़ी（阴）山，小山
चढ़ना（不及）攀登；爬上

झील（阴）湖
चलाना（及）使移动，开动
रेल-गाड़ी（阴）火车
इलाहाबाद（地名）阿拉哈巴德
त्रिवेणी（阴）三条河的汇合处
स्नान（阳）沐浴，洗澡
--- करना　沐浴，洗澡
बाकी（形）其余的，剩余的
हवाई-जहाज़（阳）飞机
विदेश-यात्रा（阴）旅游外国，
　　　　　　　　　　出国参观
इंगलैण्ड（阳）英国
राजधानी（阴）首都
लंदन（地名）伦敦
जापान（阳）日本
टोकियो（地名）东京
यात्रा（阴）旅行，访问

第十六课 सोलहवां पाठ

की---करना 旅行，访问
अमरीका（阳）美国
न्यू यार्क（地名）纽约
वाशिंगटन（地名）华盛顿
पहले（副）从前，以前
　　　　　起初，首先
फ्रांस（阳）法国
पेरिस（地名）巴黎
महीना（阳）月
तक（后）到，到达
ठहरना（不及）停留
जर्मनी（阳）德国
हफ़्ता（阳）周，星期
रूस（阳）俄罗斯
मास्को（地名）莫斯科
कहीं（副）在某处
कहीं नहीं 哪儿也不
दिल्ली（阴）德里
दोहराना（及）复习

के बाद（后）……以后
खेलना（不及）游戏，娱乐
　　　（及）玩（球，牌等）
सैर（阳）旅行
---करना 旅行
नाटक（阳）戏剧
यमुना（阴）朱木纳河
के किनारे 在……岸上，
　　　　　在……岸边
किला（阳）城堡；堡垒
लाल --- 红堡
जब（副）当……时候，
　　　　正在……时候
ख़तम（形）结束了的，
　　　　完成了的
तो（关）那时，在当时
सभी（阳）全部的，所有的
कैंपस（阳）（大学）校园

（ख）

समर-पैलेस（阳）颐和园
चहल-पहल（阴）喧闹，热闹
सच（形）真的，真实的

सैकड़ों（数）很多，成百上千
आदमी（形）人
ज़रा（副）少，很少

बराम्दा（阳）走廊，廊；阳台
संगमरमर（阳）大理石
के साथ（后）与……一起
फ़ोटो（阳）照片，相片
फ़ोटो लेना 拍照
चाहना（及）希望，想要
समझना（不及）理解，明白
तो（小品）用于加强前面的语气
मगर（连）但是
बेइहाई-पार्क（阳）北海公园
कूकुङ-अजायब-घर（阳）故宫
मेरे साथ 与我一起，跟我在一起

注释 टिप्पणियां

1. जब छुट्टी ख़तम होगी, तो सभी विद्यार्थी कैंपस में आएंगे और पढ़ना शुरू करेंगे।

假期结束，所有的学生都将回到学校开始上课。

पढ़ना 是动词不定式，在句中作 शुरू करेंगे 的宾语。

2. मैं आप के साथ एक फ़ोटो लेना चाहता हूं।

我想和您照一张相。

लेना 是动词不定式，在句中作 चाहता हूं 的宾语。

语法 व्याकरण

1. 动词将来时

（1）印地语动词将来时一般表示在说话的时间以后将要发生的动作或状态。

（2）印地语动词将来时有性、数和人称的区别，它的构成形式是动词根＋ऊंगा(ऊंगी), एगा (एगी), ओगे(ओगी)或 एंगे (एंगी)现在

第十六课　सोलहवां पाठ

以 देखना 和 जाना 为例，列表示其构成形式如下：

构成形式／性 代词	阳		阴	
मैं	देखूंगा	जाऊंगा	देखूंगी	जाऊंगी
तू, वह, यह	देखेगा	जाएगा	देखेगी	जाएगी
तुम	देखोगे	जाओगे	देखोगी	जाओगी
हम, आप, वे, ये	देखेंगे	जाएंगे	देखेंगी	जाएंगी

（3）होना 和 लेना 等词的将来时变化不规则，现列表如下：

变化形式／动词 性 代词	होना		लेना		देना	
	阳	阴	阳	阴	阳	阴
मैं	हूंगा, होऊंगा	हूंगी, होऊंगी	लूंगा	लूंगी	दूंगा	दूंगी
तू, वह, यह	होगा	होगी	लेगा	लेगी	देगा	देगी
हम, आप, वे, ये	होंगे	होंगी	लेंगे	लेंगी	देंगे	देंगी
तुम	होगे, होओगे	होगी, होओगी	लोगे	लोगी	दोगे	दोगी

（4）将来时的否定式实在动词前面加 नहीं。现在以 आना 为例，示其否定式如下：

否定形式／性 代词	阳	阴
मैं	नहीं आऊंगा	नहीं आऊंगी
तू, वह, यह	नहीं आएगा	नहीं आएगी
तुम	नहीं आओगे	नहीं आओगी
हम, आप, वे, ये	नहीं आएंगे	नहीं आएंगी

（5）例句：

आज हम हिन्दी पढ़ेंगे।

我们今天（将）学习印地语。

वह आज नहीं आएगा।

他今天不来。

लड़कियां शहर जाएंगी।

姑娘们将进城去。

मेरी माता जी वहां काम नहीं करेंगी।

妈妈不去那儿工作。

2. जब... तो 的用法

जब是关系副词，用以引导时间状语从句，在句中作状语，在主句中常有相关词तो或तब。例如：

जब वह आएगा, तो मैं पूछूंगा।

他来的时候我要问他。

जब सिनेमा होता है, तब हम देखते हैं।

有电影的时候，我们看电影。

3. 反问句：

反问句的构成是，前面一般是陈述句，后面用है (हैं, हो, हूं) न 来反问，表示对前一句的肯定，例如：

यह आप की किताब है, है न?   这是您的书，对吧？

वे मज़दूर हैं, हैं न?   他们是工人，对吧？

第十六课　सोलहवां पाठ

练习　अभ्यास

1. 语音练习：

   (1) 注意单元音和复合元音的区别：

   ओ — ओर　कोना　चोर　चोट　बोझा
   औ — और　कौड़ा　चौड़ा　पौत्र　बौधा　यौम

   (2) 注意非送气音和送气音的区别：

   प — पचपन　पागल　पिपासा　पूजा　पैदा　पोती
   फ — फटकार　फाड़ना　फिरना　फूफा　फैलाना　फोड़ना
   ब — बचपन　बादल　बिसात　बुलाव　बेशक　बोली
   भ — भतीजा　भाटा　भिगोना　भुलावा　भेड़　भोला

   (3) 注意浊辅音和清辅音的区别：

   प — पगड़ी　पाख़ाना　पीपल　पूरी　पेर　पौधा
   ब — बचाव　बाज़ार　बीस　बूजा　बैठक　बौछाड़
   फ — फटा　फागुन　फीका　फूलदान　फैलाव
   भ — भरसक　भावी　भीतरी　भूचाल　भैरव　भौतिक

   (4) 注意复合辅音的读音：

   भ्रमण　उज्जवल　उत्प्रेक्षा　एकत्र　ओत्सुक्य　कल्पना
   क्षितिज　ख़्वाहिश　ग्रामीण　च्युत　छत्री　ज्येष्ठ

2. 回答问题：

   (क)

   (1) आप लोगों की छुट्टी कब से शुरू होगी?
   (2) क्या आप लोग सैर-सपाटा करेंगे?

（3）आप कहां जाएंगे?

（4）छुट्टी में आप क्या करेंगे?

（5）क्या एक लड़की मास्को जाएगी?

（6）पेरिस किस देश की राज़धानी है?

（7）क्या टोकियो अमरीका की राजधानी है?

（ख）

（1）क्या आप रोज़ कसरत करते हैं?

（2）क्या आप चीनी का हिन्दी में अनुवाद करते हैं?

（3）क्या अध्यापक जी बोर्ड पर लिखते हैं?

（4）आप के छात्रावास की दीवार पर क्या क्या चीज़ें हैं?

（5）रात को तुम क्या करते हो?

3. 快速说出下列动词将来时的各种构成形式：

बिताना   झेंपना   सीखना   पूछना   मुस्कराना

4. 把现在进行时改为将来时：

（1）वह पलंग पर सो रहा है।

（2）तुम साबुन से वाशबेसिन में चादर धो रही हो।

（3）क्या आप पत्रिका पढ़ रहे हैं?

（4）हम मेहनत से विदेशी भाषा पढ़ रहे हैं।

（5）लड़कियां अलमारियों में क़िताबें रख रही हैं।

5. 把下面的陈述句改为疑问句，并作否定回答：

（1）वे लोग आज दोपहर को झील में नाव चलाएंगे।

（2）ये नर्सें वाराणसी में एक महीने तक ठहरेंगी।

第十六课　सोलहवां पाठ

（3）ये अलमारी के ऊपर संदूक रखेंगी।

（4）तुम कमीज़ खूंटी पर टांगोगे।

（5）आप आज इमला लिखेंगे।

（6）वह आज शाम को वापस आएगा।

（7）यह उस कुर्सी पर बैठेगी।

（8）तू गांव में रहेगा।

6. 用指定动词的适当形式填空：

（1）उस के दादा जी सुबह छः बजे_____（उठना）।

（2）वह युवती वहां अभ्यास_____（करना）।

（3）मेरा भाई दिल्ली विश्वविद्यालय में इतिहास_____（पढ़ाना）।

（4）आप जल्दी जवाब_____（देना）।

（5）तुम अक्सर जूते और स्लीपर कहां_____（रखना）？

（6）मैं आज मछली_____（खाना）।

（7）हम कैलेंडर_____（देखना）।

（8）वे व्यायामशाला में कसरत_____（करना）।

7. 翻译下面的词组：

(1) 战士们的被褥　　　　(2) 洗毛巾

(3) 不争吵　　　　　　(4) 两扇窗子

(5) 他的灵魂　　　　　(6) 生肉

(7) 许多笔记本　　　　(8) 困难的问题

(9) 除红旗以外　　　　(10) 用圆珠笔做笔记

(11) 十一点四十分　　　(12) 十二点三十五分吃饭

(13) 十二点四十五分睡觉　(14) 三点一刻去

(15) 差一刻四点做作业　(16) 一点半起床

8. 改错：

(1) मैं एक दिन पांच रोटी खाते हूँ।

(2) तुम काफ़ी नहीं पीती।

(3) वे इधर आ रहा है।

(4) ये मिडिल स्कूल में इतिहास पढ़ाओगे।

(5) हम आज कुछ केक, बिस्कुट और मिठाई ख़रीदूंगा।

(6) कुछ छात्रा उच्चारण कर रही हैं।

(7) आठ अध्यापिका इस प्राइमरी स्कूल में आएंगे।

(8) मैं उस से पेंसिल उधार लेऊंगा।

(9) वह जवाब देएगा।

(10) तुम पांच केला लेओगे।

9. 把下面句子的画线部分提问：

(1) <u>अध्यापक जी</u> त्रिवेणी में स्नान करेंगे।

(2) एक किसान <u>परसों</u> इलाहाबाद जाएगा।

(3) हम <u>दोपहर के बाद</u> वाचनालय में पढ़ते हैं।

(4) वह कक्षा के लिए <u>तैयारी कर रहा</u> है।

(5) <u>लड़कियां</u> नाच रही हैं।

10. 翻译下面的句子：

(क)

(1) 假期中我们将去俄罗斯。

(2) 她们将访问法国。

(3) 他们假期中将攀登喜马拉雅山。

(4) 你乘飞机去东京吗？

（5）外祖父将在纽约停留四个星期。

（6）外祖母将跟我一起到克什米尔去。

（7）三天以后我将开始做实验。

（8）她今天晚上看戏。

（9）他的（उस का）朋友将乘火车去莫斯科。

（10）他的（उस की）母亲将在德国度假。

（ख）

（1）老师正在念听写。

（2）工人们正在跑步。

（3）妇女们在听音乐。

（4）我们每天晚上复习功课。

（5）这是我的桌子，所以我把书放在上面。

11. 用将来时造句：

（1）उस की चाची, टोकियो, की यात्रा करना

（2）कुछ नौजवान, दो दिन के बाद, इस झील में ,तैरना

（3）तुम, आज, दोपहर को, वहां से, तस्वीर, लाना

（4）हम， ख़ूब， रात को， खेलना

（5）कुछ विद्यार्थी， लाल किले में， गाना， सुनना

12. 背诵动词将来时构成表和不规则动词变化表。

13. 以 आज दोपहर का काम 为题互相问答，并说一段话。

14. 阅读练习：

एक उद्घाटन समारोह

उद्घाटन समारोह १५ तारीख़ को होगा। समारोह में निर्देशक महोदय डाक्टर वर्मा आगरा से आएंगे। प्रोफ़ेसर आनंद आगरा से आएंगे। डाक्टर शाह बंबई से आएंगे। श्रीमती शर्मा और श्रीमती जोशी पूना से आएंगी। निर्देशक महोदय कल सुबह हवाई जहाज़ से आएंगे। उद्घाटन समारोह में वे स्वागत-भाषण देंगे। फिर शिक्षा मंत्री उद्घाटन करेंगे। सब लोग १६ तारीख़ को दिल्ली घूमेंगे, सिनेमा देखेंगे और १७ तारीख़ को कुछ लोग सुपर बाज़ार जाएंगे।१८-२० तारीख़ को लोग भाषण देंगे।

उद्घाटन（阳）开幕	बंबई（地名）孟买
समारोह（阳）大会	श्रीमती（阴）夫人
तारीख़（阴）日期	जोशी（人名）乔希
निर्देशक（阳）指导者，管理者	पूना（地名）浦那
महोदय（阳）阁下	कल（副）昨天，明天
डाक्टर（阳）博士	१६ 读作 सोलह（数）十六
आगरा（地名）阿格拉	१७ 读作 सत्रह（数）十七
प्रोफ़ेसर（阳）教授	सुपर-बाज़ार（阳）超级市场
शाह（人名）夏赫	१८ 读作 अठारह（数）十八
स्वागत-भाषण（阳）欢迎词	२० 读作 बीस（数）二十
मंत्री（阳）部长	भाषण（阳）演说

第十七课　सत्रहवां पाठ

पाठ	दुकान में
बातचीत	खेल-कूद
व्याकरण	1. 形容词的语法功能
	2. 形容词的形式变化
	3. 连接词 क्योंकि 的用法

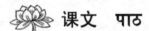 课文　पाठ

दुकान में

यह एक बड़ी दुकान है। इसमें बहुत सी चीजें बिकती हैं।

देखिये, ये लाल लाल सेब और पीले पीले केले कितने अच्छे लगते हैं। ये तरबूज़ बहुत मीठे हैं। ये अंगूर और संतरे तो खटमीठे हैं। हां, ये नाशपातियां और अनार भी खटमीठे हैं। यहां तरह तरह के मेवे भी मिलते हैं, जैसे अखरोट, किशमिश, मूंगफलियां, सूर्यमुखी के बीज इत्यादि। ये मेवे बहुत सस्ते हैं, महंगे नहीं।

यहां मिठाइयां भी बहुत बिकती हैं। ये मिठाइयां बहुत अच्छी और मीठी

होती हैं।

हां, यहां कपड़े, टोपियां और जूते भी बिकते हैं। यहां रंग-बिरंगे कपड़े बिकते हैं। सफ़ेद, काले, लाल, हरे, पीले, नीले सब तरह के कपड़े मिलते हैं। और टोपियां भी अच्छी मिलती हैं। जूता तो बस, माल भी अच्छा है, और दाम भी महंगा नहीं।

यहां अच्छी अच्छी शराब, सिगार और सिगरेट भी बिकती हैं। लेकिन कम लोग ख़रीदते हैं, क्योंकि ये चीजें स्वास्थ्य के लिए नुकसानदेह हैं।

यहां सुई, धागा, पिन, दियासलाई, बैटरी, टार्च, स्याही और गोंद इत्यादि भी बिकते हैं। ये छोटी-मोटी चीज़ें लोगों के लिए बहुत उपयोगी और ज़रूरी होती हैं।

यहां कई कर्मचारी चीजें बेचते हैं और बहुत ग्राहक चीज़ें खरीदते हैं। रोज़ यहां बहुत भीड़ होती है।

मेरे बड़े भाई यहां के मैनेजर हैं। वे इस दुकान का अच्छा प्रबंध करते हैं।

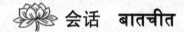 会话　बातचीत

खेल-कूद

क: देखिये, कितने लोग खेल-कूद कर रहे हैं। कुछ लोग दौड़ रहे हैं। कुछ लोग रस्सी फांद रहे हैं। कुछ लोग बैडमिंटन खेल रहे हैं।

ख: मैं तो बास्केटबाल खेलना चाहता हूँ। आप इधर आइये, मेरे साथ बास्केटबाल खेलिये।

क: उधर देखिये, कुछ सहपाठी फुटबाल खेल रहे हैं। मैं फुटबाल खेलना चाहता हूँ। आप आज बास्केटबाल न खेलिये, मेरे साथ उधर चलिये।

ख: अच्छा, आज मैं आप के साथ फुटबाल खेलूंगा। चलिये।

क: अच्छा, चलिये।

第十七课 सत्रहवां पाठ

词汇 शब्दावली

(क)

बिकना（不及）卖，出售
सेब（阳）苹果
पीला（形）黄的
लगना（不及）感觉到，觉得
तरबूज़（阳）西瓜
मीठा（形）甜的
अंगूर（阳）葡萄
संतरा（阳）橘子
खटमीठा（形）酸甜的
नाशपाती（阴）梨
अनार（阳）石榴
मेवा（阳）干果
अखरोट（阳）核桃
किशमिश（阳）葡萄干
मूंगफली（阴）花生
सूर्यमुखी（阴）向日葵
बीज（阳）种子
महंगा（形）贵的，昂贵的
रंग-बिरंगा（形）色彩缤纷的；各种各样的，形形色色的

सफ़ेद（形）白的，白色的
काला（形）黑的
हरा（形）绿色的
नीला（形）蓝色的
तरह（阴）种类，样式
सब तरह के 各种各样的
बस（副）够啦，足够啦
माल（阳）商品，货物
शराब（阴）酒
सिगार（阳）雪茄烟
सिगरेट（阴）烟，香烟，纸烟
कम（形）少的
क्योंकि（连）因为
स्वास्थ्य（阳）健康
नुकसानदेह（形）有害的
सुई（阴）针
धागा（阳）线
पिन（阳）别针，大头针
दियासलाई（阴）火柴
बैटरी（阴）电池

टार्च（阴）手电筒　　　　　　कई（数）几，几个
स्याही（阴）墨水　　　　　　बेचना（及）卖，出售
गोंद（阳）胶水　　　　　　　ग्राहक（阳）顾客，买主
छोटा-मोटा（形）小的，不重要的　भीड़（阴）人群；拥挤
उपयोगी（形）有用的　　　　मैनेजर（阳）经理
ज़रूरी（形）必要的　　　　　प्रबंध（阳）管理，组织，安排

（ख）

खेल-कूद（阳）游戏，体育运动　बैडमिंटन（阳）羽毛球
रस्सी（阴）绳子　　　　　　बास्केटबाल（阳）篮球
फांदना（及）跳过，越过　　　फुटबाल（阳）足球

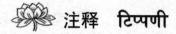

注释　टिप्पणी

यह एक बड़ी दुकान है। इस में बहुत सी चीजें बिकती हैं।
这是大商店，东西相当多。

　　सी 是 सा 的变形，修饰阴性名词。सा 是语气词，与性质形容词连用，表示程度高，有汉语"相当"之意。सा 的形式变化与变 आ 类形容词同，例如：

　　छोटा सा कमरा　　　लम्बी सी युवती　　　बहुत से सेब

第十七课 सत्रहवाँ पाठ

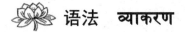 语法 व्याकरण

1. 形容词的语法功能

在印地语中，形容词主要用作定语，修饰名词，此外还可以作表语、宾语补足语等，例如：

सब लोग सस्ता माल ख़रीदते हैं। （定语）

वह क्लास-रूम सुन्दर है।（表语）

मैं यह काम अच्छा समझता हूँ।（宾语补语）

2. 形容词的形式变化

（1）印地语的形容词中除以 आ 结尾的形容词外，以其他音结尾的形容词均无形式变化。

（2）以 आ 结尾的形容词亦并非都有形式变化，而只有大部分有性、数和形式的变化。这类形容词同被它所修饰的名词的性、数和形式一致，即修饰阳性单数无后名词时词尾为 आ，修饰复数阳性名词以及单复数阳性带后名词时将 आ 变为 ए，修饰阴性单复数名词及其带后形式时均将 आ 变为 ई。例如：

एक अच्छा बच्चा   दो अच्छे बच्चे
एक अच्छे बच्चे को   दो अच्छे बच्चों को
एक अच्छी बच्ची   दो अच्छी बच्चियां

（3）有少数以 आ 结尾的形容词无形式变化，如 बढ़िया。

（4）形容词还可以重叠使用，修饰复数名词，表示被修饰的事物都具有某种特征。例如：

सुन्दर सुन्दर कपड़े　　　ऊंचे ऊंचे पहाड़

3. 连接词 क्योंकि 的用法

क्योंकि 是状语连接词，引导原因状语从句。它所引导的从句用于主句之后。例如：

हम अक्सर इस दुकान में चीजें ख़रीदते हैं क्योंकि यहां सभी चीजें सस्ती हैं।

因为这里的东西便宜，所以我们经常在这里买东西。

मैं अक्सर श्याओ वांग के साथ बैडमिंटन खेलता हूँ क्योंकि वह बहुत अच्छा खेलता है।

因为小王羽毛球打得很好，所以我经常跟他打。

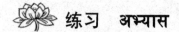

练习　अभ्यास

1. 语音练习：

（1）注意 ऋ 的读音：

ऋण　ऋतु　ऋग्वेद　ऋषि　कृणि　कृपा　पृथक
कृति　गृह　तृप्ति　दृढ़ता　बृहद्　मृत्यु

（2）注意 र 和 ल 的区别：

र — रविवार　राग　रुपया　रिवाज　रोग　रेतना
ल — लगभग　लाचार　लुभाना　लिहाफ़　लोक　लेपना

（3）注意 य,व, फ़ 的读音及其区别：

य — यदि　यार　युवा　युरोपीय　योजना　यौवन
व — वकालत　वाचक　विख्यात　वीरता　वैभव　वोटर
फ़ — फ़रमाना　फ़ारसी　फ़िलहाल　फुट　फ़ेल　फ़ोक्स

第十七课　सत्रहवां पाठ

（4）注意复合辅音的读音：

ज्यादातर　दृश्य　बराम्दा　योग्य　प्यारा　दोस्त　पसंत
सांस्कृतिक　हिस्सा　समुद्री　दुर्भाग्य　प्राकृत

2. 朗读下面的句子：

(1) आज हम पहाड़ पर चढ़ेंगे।

(2) आप कब वापस आएंगे?

(3) एक लड़की क्लास-रूम में पाठ की तैयारी कर रही है।

(4) श्याओ ली वहां क्या कर रहा है?

(5) मैं इतिहास नहीं पढ़ूंगा।

3. 回答问题：

(क)

(1) क्या दुकान में बहुत सी चीजें हैं?

(2) दुकान में क्या क्या चीजें हैं?

(3) क्या केले पीले हैं?

(4) सेव कैसा है?

(5) वहां चीज़ों का दाम कैसा है?

(6) क्या वहां तरह तरह के कपड़े बिकते हैं?

(7) क्या चीज़ स्वास्थय के लिए नुकसानदेह है?

(8) उस दुकान का मैनेजर कौन है?

(9) क्या उस दुकान में कोई चीज़ महंगी नहीं है?

(10) क्या आप वहां ज़रूरी चीज़ें खरीदते हैं?

(ख)

(1) आप सुबह कै बजे उठते हैं?

(2) क्या तुम लोग सवा ग्यारह बजे दोपहर का खाना खाते हो?

(3) क्या बेइजिंग विश्वविद्यालय में कानून विभाग है?

(4) अध्यापिका जी अक्सर क्या सुनाती हैं?

(5) क्या आप रोज़ सुबह ज़ोर से पाठ पढ़ते हैं?

4. 把下面的陈述句改为疑问句，并作否定回答：

(1) वह लड़की रोज़ आलू, ककड़ी, गाजर और गोभी वग़ैरह सब्जियां बेचती है।

(2) हम सुबह अंडे और रोटियां खाते हैं।

(3) अध्यापक जी आज अभ्यास कराएंगे।

(4) आज तुम अच्छी तरह नकल करोगी।

(5) यह सवाल बहुत आसान है।

(6) वे शब्द समझा रहे हैं।

(7) वह एक अच्छी कहानी सुना रहा है।

(8) कक्षा में हम सिर्फ़ विदेशी भाषा बोलते हैं।

5. 改错：

(1) वह एक अच्छा लड़की है।

(2) यह भोजनालय बहुत बड़े है।

(3) सुरेश बहुत अच्छी युवक है।

(4) हम कच्चे मछली नहीं खाते।

(5) वह घड़ी कैसा है?

(6) ये अच्छे कमीजें हैं।

(7) आज छात्राएं व्यायामशाला में वालीवाल खेलेंगे।

(8) मेरे बड़ा भाई भूविद्या सीखेंगी।

第十七课　सत्रहवां पाठ

6. 分析下面句子的成分：

   (1) वह चाव से चाय पी रहा है।

   (2) मैं यह कोट सुन्दर समझता हूँ।

   (3) मेरा सहपाठी बारह बजे वापस आएगा।

   (4) कुछ दिनों के बाद एक विशेषज्ञ यहां आएंगे।

   (5) यह नाटक बहुत अच्छा है।

7. 用指定的词的适当形式填空：

   (1) एक हफ़्ते में＿＿＿＿＿＿（कितना）दिन हैं?

   (2) देखिये, वह＿＿＿＿（लम्बा）लड़की पहाड़ पर＿＿＿＿＿（चढ़ना）।

   (3) यह नर्स दो＿＿＿＿＿＿（युवती）के साथ वहां＿＿＿＿＿＿（जाना）।

   (4) कुछ＿＿＿＿＿＿＿（महिला）वाहवाही＿＿＿＿＿＿＿（करना）।

   (5) मैं दो＿＿＿＿＿＿（छोटा）＿＿＿＿＿＿（बहन）के साथ लंदन जाऊंगी।

8. 翻译下面的词组：

   (1) 做笔记　　　　　　(2) 开始做实验

   (3) 萝卜的价格　　　　(4) 买西红柿

   (5) 在朱木纳河沐浴　　(6) 访问中国

   (7) 小小的山　　　　　(8) 美丽的巴黎

   (9) 划船　　　　　　　(10) 与我一起走

   (11) 五个月　　　　　 (12) 度假

   (13) 复习语法　　　　 (14) 照相

9. 将现在经常时改为将来时：

   (1) वह हवाई जहाज़ से यात्रा करता है।

（2）हम शाम को बास्केटबाल खेलते हैं।

（3）लड़कियां समर-पैलेस में फ़ोटो लेती हैं।

（4）ये लाल किले में संगीत सुनते हैं।

（5）तुम झील के किनारे पढ़ती हो।

10. 造句：

（1）सैर-सपाटा करना　　　（2）दो महीने तक

（3）ठहरना　　　　　　　（4）झील के किनारे

（5）लगना　　　　　　　（6）उपयोगी

（7）प्रबंध करना　　　　（8）मिलना

11. 就下面句子的画线部分提问：

（1）मैं जर्मनी में दो महीने तक रहूंगा।

（2）कुछ विद्यार्थी त्रिवेणी में स्नान कर रहे हैं।

（3）वे वहां के सुन्दर दृश्य देख रही हैं।

（4）दीवार पर एक बड़ा नक्शा है।

（5）ये तस्वीरें बहुत सुन्दर हैं।

12. 翻译下面的句子：

(क)

（1）这里的东西很便宜。

（2）各种各样的水果这个商店里（इस दुकान में）都有。

（3）烟酒对人的身体有害。

（4）我们经常在这里买苹果、葡萄和梨等，因为这里的东西不贵。

第十七课　सत्रहवां पाठ

（5）我弟弟（मेरा छोटा भाई）每天都在这儿卖衣服和鞋帽等。

（6）那件黄色的外套很漂亮。

（7）我要买钢笔和笔记本。

（8）他们经常晚上吃橘子、香蕉等水果。

（ख）

（1）莫斯科是俄罗斯的首都。

（2）颐和园长廊里的画很美。

（3）有三个美国学生将去法国旅游。

（4）成百上千的人在那儿看电影。

（5）他们哪儿也不去。

13. 背诵课文前两段和对话。

14. 以 हिन्दी कक्षा 为题互相问答，并说一段话。

15. 阅读练习：

मेरा परिवार

मेरे परिवार में पांच आदमी हैं, मैं, माता-पिता और दो बहनें।

मेरे पिता जी व्यापारी हैं। वे दो दुकानों के मालिक हैं। वे उन दुकानों का प्रबंध करते हैं। इसलिए वे बहुत कम समय घर में रहते हैं।

मेरी माता जी आम तौर पर घर में गृहस्थी संभालती हैं। हां, वे बाहर भी जाती हैं, क्योंकि वे कभी कभी खुद सब्ज़ी और फल आदि चीज़ें ख़रीदती हैं।

मैं विश्वविद्यालय में पढ़ाता हूं। मेरे छात्र और छात्राएं बहुत अच्छे हैं। वे लोग अत्यन्त मेहनत से पढ़ते हैं। मैं उन लोगों को बहुत प्यार करता हूं और वे

मेरा आदर करते हैं।

मेरी दो बहनें अब कॉलेज में पढ़ती हैं। वे दोनों मेहनती हैं। इसलिए माता पिता उन को प्यार करते हैं।

मेरा परिवार बहुत अच्छा है। हम सुखमय जीवन बिताते हैं।

परिवार（阳）家庭　　　　प्रबंध（阳）管理，安排
व्यापारी（阳）商人　　　आम तौर पर　一般，大体上
कभी कभी　有时　　　　कालेज（阳）学院
खुद（副）自己，亲自　　मेहनती（形）勤奋的，刻苦的
प्यार（阳）爱，热爱　　　सुखमय（形）幸福的
आदर（阳）尊敬　　　　　जीवन（阳）生活

第十八课　अठारहवां पाठ

पाठ	सुरेश का परिवार
बातचीत	पुस्तकालय में
व्याकरण	1. होना 的过去时
	2. 过去经常时
	3. 选择疑问句
	4. 后置词 को 的用法

课文　पाठ

सुरेश का परिवार

ये मेरे दोस्त हैं। इन का नाम सुरेश है। हम लंगोटिया यार थे। पहले हम बम्बई में रहते थे। हम एक ही मुहल्ले और एक ही गली में रहते थे। मैं अकसर उन के घर जाता था।

उन के दादा जी किसान थे। उनके दादा जी और दादी जी शहर में नहीं रहते थे। वे गांव में खेती का काम करते थे।

उनके पिता जी मजदूर थे। वे कारख़ाने में काम करते थे। उनकी माता जी घर

में गृहस्थी संभालती थीं, वे बाहर काम नहीं करती थीं।

उनके चाचा जी एक डाकिया थे। वे रोज़ घर-घर जाते थे, और चिट्ठियां, अख़बार, पत्रिकाएं, पार्सल इत्यादि बांटते थे।

सुरेश का बड़ा भाई एक ड्राइवर था। वह स्कूटर, टैक्सी, बस, ट्राम या ट्राली बस चलाता था। बड़े भाई की पत्नी यानी सुरेश की भाभी अस्पताल में नर्स का काम करती थी।

सुरेश की बड़ी बहन किन्डरगार्टन और शिशुशाला में काम करती थी। उनका बहनोई एक सैनिक था, वह सेना में काम करता था।

उन के नाना जी और नानी जी मद्रास में रहते थे। उनके मामा जी और मामी जी कलकत्ते में रहते थे। उनके मौसा जी और मौसी जी पुरानी दिल्ली में रहते थे। उनके फूफा जी और बुआ जी लखनऊ में रहते थे। सुरेश कभी कभी उन के यहां जाते थे।

सुरेश और मैं एक ही हाई स्कूल में पढ़ते थे। हम एक साथ पढ़ते थे और एक साथ खेलते थे। हम झगड़ा नहीं करते थे, हम हमेशा एक दूसरे की मदद करते थे।

अब मैं विश्वविद्यालय में हिंदी पढ़ता हूं। सुरेश रेलवे-स्टेशन में कर्मचारी हैं।

会话 बातचीत

पुस्तकालय में

क: आप कृपा करके बताइये, यहां प्रेमचंद जी का उपन्यास "गोदान" है या नहीं?

ख: आप ज़रा इन्तजार कीजिये। मैं सूचीपत्र देखता हूं। हां, यह देखिये, यहां "गोदान" है।

क: मैं यह लेना चाहता हूं।

ख: अच्छी बात है। आप किताब का नाम और लेखक का नाम रजिस्टर में लिखिये।

मैं अभी किताब की अलमारी में ढूंढूंगा।

क: आप को मैं बहुत तकलीफ़ दे रहा हूं।

ख: तकलीफ़ की क्या बात? यह तो हमारा कर्तव्य है...अच्छा, यह लीजिये, "गोदान"।

क: अच्छा, मैं ठीक समय पर यह वापस करूंगा।

ख: नमस्कार।

क: नमस्कार।

词汇 शब्दावली

(क)

परिवार (阳) 家庭，家族，亲属
दोस्त (阳) 朋友
लंगोटिया यार (阳) 幼年的朋友，孩提时代的伙伴
बंबई (地名) 孟买
मुहल्ला (阳) (城市的) 区，街区
गली (阴) 胡同，小巷
खेती (阴) 农事，农业
--- का काम (阳) 农活
कारख़ाना (阳) 工厂
डाकिया (阳) 邮递员
चिट्ठी (阴) 信
पार्सल (阳) 小包，包裹
बांटना (及) 分；分发
ड्राइवर (阳) 司机，驾驶员
स्कूटर (阴) 三轮摩托车
टैकसी (阴) 出租汽车
बस (阴) 公共汽车
ट्रालीबस (阴) 无轨电车
पत्नी (阴) 妻子
यानी (副) 亦即，就是说
भाभी (阴) 嫂子
किंडरगार्टन (阳) 幼儿园
शिशुशाला (阴) 托儿所
बहनोई (阳) 姐夫，妹夫
सेना (阴) 军队

मद्रास（地名）马德拉斯

मामा（阳）舅舅

मामी（阴）舅母

कलकत्ता（地名）加尔各答

मौसा（阳）姨夫

मौसी（阴）姨母

पुराना（形）古的，古老的，旧的

फूफा（阳）姑父

बुआ（阴）姑母

लखनऊ（地名）勒克瑙

के यहां（后）在……处；在……那里

हाई स्कूल（阳）中学；高中

हमेशा（副）经常，时常

एक दूसरे　互相，彼此

मदद（阴）帮助

की---करना　帮助

रेलवे-स्टेशन（阳）火车站

（ख）

कृपा（阴）恩惠

---करके　劳驾，请

प्रेमचन्द（人名）普列姆昌德

गोदान　《戈丹》小说名

या（连）或者

इंतज़ार（阳）等候

का---करना　等候

सूचीपत्र（阳）目录

लेखक（阳）作家，作者

रजिस्टर（阳）登记薄

ढूंढना（及）寻找

तकलीफ़（阴）痛苦，不安

को---देना　使不安，麻烦

कर्तव्य（阳）义务，职责

ठीक समय पर　准时

वापस करना　还，归还

语法 व्याकरण

1. होना 的过去式

（1）系动词 होना 的过去时构成和用法与现在时不一样，现将 होना 的过去时构成形式列表如下：

构成形式 性 / 代词	阳	阴
मैं, तू, यह, वह	था	थी
हम, तुम, आप, ये, वे	थे	थीं

（2）होना 的过去时表示过去存在的情况，有“过去是（有，在）”的意思，例如：

मैं विद्यार्थी था।	我以前是学生。
वह लड़की नर्स थी।	她过去是护士。
वे किसान थे।	他以前是农民。
आप अध्यापिका थीं।	您以前是教员。

2. 过去经常时

（1）动词过去经常时表示过去经常性或习惯性的动作或状态。

（2）动词过去经常时有性数的区别，而没有人称的区别。其构成形式是，动词根＋词尾-ता（-ते, -ती）＋था（थे, थी,थीं）。现以 देखना 和 जाना 为例，示其构成形式如下：

构成形式代词 \ 例词 \ 性	阳		阴	
	देखना	जाना	देखना	जाना
मैं, तू, यह, वह	देखता था	जाता था	देखती थी	जाती थी
हम, आप, तुम,ये, वे	देखते थे	जाते थे	देखती थीं	जाती थीं

（3）动词过去经常时的否定式是在动词前面加否定语气词 नहीं。现以 पढ़ना 为例，示其否定式如下：

代词 \ 否定式形式 \ 性	阳	阴
मैं, तू,यह, वह	नहीं पढ़ता था	नहीं पढ़ती थी
हम, आप, तुम,ये, वे	नहीं पढ़ते थे	नहीं पढ़ती थीं

（4）例句：

पहले मैं अकसर वहां जाता था।

我以前常到那儿去。

वह इस स्कूल में नहीं पढ़ती थी।

她没有在这个学校学习。

हम एक विश्वविद्यालय में पढ़ते थे।

我们以前在同一所大学学习。

वे एक कारख़ाने में काम नहीं करती थीं।

她们以前不在一个工厂工作。

3. 选择疑问句

选择疑问句中用选择连接词 या 连接两个或更多的问题，提问者要求对方就所问的情况加以选择后再回答。如：

आप चाय पीएंगे या काफ़ी? 你喝茶还是喝咖啡？

मैं चाय पीऊंगा। 我喝茶。

तुम देखो, यह ठीक है या नहीं? 你看这对不对？

यह ठीक है। 对。

4. 后置 को 的用法

को 是后置词，一般用于名词或某些副词后，表示直接宾语、间接宾语、受事主语、时间、目的地、方向等。例如：

मैं इस क़िताब को पढ़ रहा हूं। （直接宾语）

वह आप को एक क़लम देगा। （间接宾语）

वे शाम को आएंगे। （时间）

वह उधर को जा रहा है। （方向）

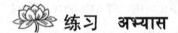

练习 अभ्यास

1. 语音练习：

（1）注意 श, स, ह 的读音：

श — शक शादी शिकार शुभ शोक शौहर

स — सखी साधन सिखाना सुध सोना सौदा

ह — हज़ार हार हिम हुकूमत होश हौल

（2）注意复合辅音的读音：

कल्याण कार्य कृष्ण क्रम क्रोध क्षिति क्षेत्र क्षोभ

ख़र्च ख़ुश्क ख़्याल गणतंत्र गृहस्थ ग्रहण ग्रास घृणास्पद

（3）朗读下面的词组：

तरह तरह के पेड़,   बड़े बड़े खेत,   किस्म किस्म की फसलें,
सामूहिक, रूप से,   तरह तरह की चीज़ें,   आम तौर से,
कड़ी मेहनत,   खाने के लिए,   पहनने के लिए,   मुक्ति के पहले,
मुक्ति के बाद,   बिल्कुल ठीक,   लाल रंग का,   हरे रंग का

2. 快速说出下列动词过去经常时的各种构成形式：

पूछना   लेना   बताना   लगना   फांदना

3. 回答问题：

(क)

（1）आप का दोस्त कौन है ?

（2）क्या आप का दोस्त आप का लंगोटिया यार था?

（3）आप दोनों कहां रहते थे?

（4）सुरेश के पिता जी और माता जी क्या काम करते थे?

（5）सुरेश के दादा जी व दादी जी कहां रहते थे?

（6）ड्राइवर कौन था?

（7）कौन अस्पताल में काम करता था?

（8）सुरेश का बहनोई क्या काम करता था?

（9）कौन कौन मद्रास में रहते थे?

（10）डाकिया क्या काम करता है?

(ख)

（1）तरबूज़, अंगूर, संतरा और नाशपाती कहां बिकती हैं?

（2）आप का भाई मैनेजर है या कर्मचारी है?

（3）क्या चीन में पीली नदी सब से लम्बी नदी है?

第十八课　अठारहवां पाठ

（4）क्या आप रोज़ नहाते हैं?

（5）क्या छात्राएं रोज़ रात को नाचती हैं?

4. 把下面的陈述句改为疑问句，并作否定回答：

（1）उस की बड़ी बहन शिशुशाला में काम करती थी।

（2）उस के बड़े भाई कारख़ाने में काम करते हैं।

（3）मैं शाम को साढ़े पांच बजे कसरत करता हूं।

（4）इस दुकान में अखरोट, किशमिश, मूंगफली वग़ैरह मेवे बिकते थे।

（5）वह बिस्कुट और मिठाइयां बांट रहा है।

（6）तुम यूनिवर्सिटी में साहित्य पढ़ाती हो।

（7）आज दोपहर को वे फुटबाल खेलेंगे।

（8）बाकी लोग बस से समर-पैलेस जाएंगे।

5. 改错：

（1）दो महीनों के बाद वे इस पुस्तकालय में काम करते थे।

（2）देखिये, वह दफ़्तर में काम करेंगी।

（3）हम अब इलाहाबाद में रहता है।

（4）आप बैटरी और टार्च न ख़रीदो।

（5）ये फ़िल्म बहुत अच्छा हैं।

（6）कामरेड वांग की पत्नी सुई, धागा, पिन और दियासलाई आदि चीज़ बेचती है।

（7）अध्यापिकाएं छुट्टी में यात्रा करती हो।

6. 将下面的将来时改为过去经常时：

（1）यहां सिगार, सिग्रेट और शराब बिकेंगे।

（2）तुम बास्केटबाल खेलोगी।

（3）मैं उस हाई स्कूल का प्रबंध करूंगा।

（4）युवतियां बैडमिंटन खेलेंगी।

（5）आप अनुवाद का काम करेंगे।

（6）वह आप से बातचीत करेगा।

7. 翻译下面的词组：

（1）各种色彩的衣服　　（2）吃酸甜的石榴

（3）生的葵花籽　　（4）白色的墙

（5）有害的物品　　（6）老师每天的工作计划

（7）漱口洗脸　　（8）午休

（9）一起吃早点　　（10）看舞蹈

（11）一点半　　（12）两点十分

（13）三点一刻　　（14）五点五十五分

（15）四点三刻　　（16）十二点半

8. 用所给词汇仿照例子谈话：

—— परसों तुम क्या करोगी?

—— मैं शहर जाऊंगी।

—— तुम वहां क्या करोगी?

—— मैं कुछ ज़रूरी चीज़ें ख़रीदूंगी। कूकुङ-अजायब-घर देखूंगी, और कुछ फ़ोटो लूंगी।

（1）अध्यापक के घर,　बातचीत करना

（2）वाचनालय,　अर्थशास्त्र दोहराना

(3) गांव, एक हफ़्ता बिताना, वहां के दृश्य देखना

(4) अस्पताल, एक श्रेष्ठ विद्यार्थी को देखना

9. 选择适当的动词用过去经常时填空：

(1) उस श्रमिक के नाना जी और नानी जी दिल्ली में_____।

(2) वह लंदन में अंग्रेज़ी और इतिहास_____।

(3) चाचा जी गांव में कृषि का काम_____।

(4) यह लड़की अकसर सैर_____।

(5) उस लड़की की माता जी नेतृत्व का काम_____।

10. 造句：

(1) मदद करना　　(2) झगड़ा करना

(3) एक ही　　　(4) नाम

(5) बांटना　　　(6) संभालना

(7) घर-घर　　　(8) कभी कभी

11. 用过去经常时翻译下面的句子：

(1) 这个女生曾经在这所中学（इस मिडिल स्कूल में）念书。

(2) 我和李明（ली-मिंग）以前住在一个村子里。

(3) 在此以前我做农活。

(4) 我外祖母没有工作。

(5) 我姐姐开公共汽车。

(6) 这几个姑娘曾在部队工作。

(7) 他的姑父是邮递员。

(8) 他们总是互相帮助。

（9）小李的嫂嫂在幼儿园工作。

（10）她们经常争吵。

12. 翻译下面的短文：

　　　我们是同学，在一所大学里学习。很快就要放假了，假期中我们都旅游。一个男生将去上海（शांघाई），三个女生要去杭州（हाङ चओ），我去西安（शी आन），其余同学都去泰山（थाएशान पहाड़），他们将登上泰山。

13. 以"यात्रा"为题互相问答，并说一段话。

14. 背诵动词过去经常时构成表和课文。

15. 阅读练习：

मेरा बचपन

　　　मेरा घर एक छोटे शहर में था। लेकिन मैं बचपन में आम तौर पर शहर में नहीं रहता था, दादा जी और दादी जी के साथ गांव में रहता था, क्योंकि पिता जी और माता जी दिन भर बाहर काम करते थे, वे मेरी देखभाल नहीं कर सकते थे।

　　　मेरे दादा जी और दादी जी किसान थे। वे सुबह बहुत जल्दी उठते थे। उठने के बाद दादा जी बाहर जाते थे और खेत में काम करते थे। दादी जी घर में खाना पकाती थीं।

　　　लगभग दो घंटे के बाद दादा जी लौटते थे। हम साथ साथ नाश्ता करते थे। इस के बाद दादा जी फिर खेत में जाते थे, खेतीबारी करते थे। दादी जी खेत में नहीं जाती थीं। वे गृहस्थी संभालती थीं और मेरी देखभाल करती थीं।

第十八课　अठारहवां पाठ

पिता जी और माता जी कभी कभी गांव में आते थे। जब वे आते थे, तब हम बहुत खुश होते थे। ख़ासकर मैं अत्यन्त प्रसन्न हो जाता था, क्योंकि वे मेरे लिए मिठाइयां और खिलौने लाते थे। हां, कभी कभी हम भी शहर में जाते थे, और दस पंद्रह दिन रहते थे। इस के बाद गांव में वापस आते थे।

बचपन（阳）童年
आम तौर पर 一般上，大体上
दिन भर 整天
देखभाल（阴）照料，看管
सकना（不及）能，能够
　　（与动词根连用）
खिलौना（阳）玩具
पंद्रह（数）十五

घंटा（阳）小时
लौटना（不及）返回
खेतीबारी（阴）农事，农活
ख़ासकर（副）尤其是
प्रसन्न（形）高兴
खेत（阳）田地
पकाना（及）煮

第十九课　उन्नीसवां पाठ

पाठ	खेल-कूद के मैदान में
बातचीत	डाकख़ाने में
व्याकरण	1. 代词的带后形式
	2. 代词修饰名词
	3. 连接 न सिर्फ़...बल्कि 的用法

课文　पाठ

खेल-कूद के मैदान में

यह खेल-कूद का मैदान है। इस में बहुत विद्यार्थी खेल रहे हैं।

उस लड़की को देखो, वह रस्सी फांद रही है। उसे न सिर्फ़ रस्सी फांदना पसंद है, बल्कि टेनिस, टेबुलटेनिस, बैडमिंटन खेलना भी पसंद है।

उस लड़के को देखो, वह बहुत ज़ोर से वज़न उठा रहा है। वह बहुत बलवान है।

उन लड़कों को देखो, वे बास्केटबाल खेल रहे हैं। उन को फुटबाल, वालीबाल, हैण्डबाल, हाकी का भी बड़ा शौक है।

अरे, वह लड़का शीर्षासन कर रहा है। उस का सिर नीचे है और उसके पैर ऊपर हैं। बहुत से विद्यार्थी उससे सीख रहे हैं और उसकी नकल कर रहे हैं।

हां, ये लड़के तो कुश्ती लड़ रहे हैं। कुछ लोग इन के पास खड़े हैं। वे लोग इन लड़कों की ख़ूब तारीफ़ कर रहे हैं।

उधर तो कुछ लड़कों में लंबी कूद, ऊंची कूद की प्रतियोगिता हो रही है।

उन लड़कियों को देखो, वे जिमनास्टिक कर रही हैं।

इधर कुछ लड़के पैरेलर बार खेल रहे हैं। उन्हें होराइजनल बार खेलना भी ख़ूब आता है।

मेरे सहपाठी रोज़ मेरे साथ खेलते हैं। हम कभी साइकिल या मोटर–साइकिल चलाते हैं, कभी टेनिस या टेबुलटेनिस खेलते हैं। गर्मी के दिनों में हम तैरते हैं या नाव चलाते हैं। सर्दी के दिनों में हम स्केटिंग या स्की करते हैं। हम रोज़ कसरत करते हैं। इसलिए हम बहुत तन्दुरुस्त होते हैं।

会话 बातचीत

डाकख़ाने में

क: मैं एक पत्र भारत भेजना चाहता हूँ।

ख: आप समुद्री डाक से भेजेंगे या हवाई डाक से?

क: हवाई डाक से भेजूंगा। हवाई डाक से कितने का टिकट लगेगा?

ख: यह तो मैं नहीं जानता। मैं डाक बाबू से पूछूंगा।

क: अच्छा, मैं लिफ़ाफ़े पर नाम-पता लिखूंगा। फिर टिकट लगाऊंगा। मैं पत्र को लेटर-बक्स में डालूंगा।

ख: अच्छा, आप इसे लेटर-बक्स में डालिए।

क: अच्छा, अब मैं तार घर भी जाना चाहता हूँ।

ख: अच्छा, तो मैं आप के साथ तार घर चलूंगा।

क: बहुत शुक्रिया। चलिये।

ख: चलिये।

词汇 शब्दावली

(क)

मैदान（阳）广场

न सिर्फ़...बल्कि... 不仅……而且

पसंद（形）喜欢的；称心的

--- होना 喜欢，称心，满意

टेनिस（阳）网球

टेबुलटेनिस（阳）乒乓球

वज़न（阳）重，重量

उठाना（及）举起，抬起，拾起

बलवान（形）强壮的

वालीबाल（阳）排球

हैण्डबाल（阳）手球

हाकी（阳）曲棍球

शौक（阳）强烈的愿望 兴趣，爱好

शीर्षासन（阳）倒立

सिर（阳）头

नीचे（副）在下面，在下部

पैर（阳）脚

ऊपर（副）向上，往上

कुश्ती（阴）摔跤

लड़ना（及，不及）战斗，比赛，竞赛

के पास（后）在……旁边，在……附近

खड़ा（形）站立的

--- होना 站立

तारीफ़（阴）赞美，颂扬

की---करना 赞美，颂扬

लंबी कूद （阴）跳远

ऊंची-कूद（阴）跳高

प्रतियोगिता（阴）比赛，竞赛

जिमनास्टिक（阳）体操

पैरेलर बार（阳）双

होराइजनल बार（阳）单杠

आना（不及）懂得，会
साइकिल（阴）自行车
गर्मी（阴）热，炎热；夏天
सर्दी（阴）冷，寒冷
स्केटिंग（阳）滑冰
--- करना（及）滑冰
स्की（阳）滑雪
--- करना（及）滑雪
तन्दुरुस्त（形）健康的

（ख）

डाकख़ाना（阳）邮局
पत्र（阳）书信
भेजना（及）送往，派遣
समुद्री（形）海洋的，航海的
डाक（阳）邮件，信件，邮政
हवाई（形）空中的，航空的
टिकट（阳）票，入场券，邮票
लगना（不及）附加，贴，需要
जानना（及）知道，理解
बाबू（阳）先生，老爷
पता（阳）地址
लगाना（及）贴，安上，镶上
डालना（及）放，放入
लेटर-बक्स（阳）邮筒，邮箱
तार（阳）电报
तार घर（阳）电报局

注释 टिप्पणियाँ

1. उसे न सिर्फ़ रस्सी फांदना पसंद है, बल्कि टेनिस, टेबुल-टेनिस, बैडमिंटन खेलना भी पसंद है।

她不仅喜欢跳绳，而且喜欢打网球、乒乓球和羽毛球等。

पसंद होना：意即“喜欢”，某人喜欢什么，某人后需加 को，होना 的形式随被喜欢的事物的性、数变。例如：

उसे ये कपड़े पसंद हैं।

他喜欢这些衣服。

कुछ दिन पहले मुझे वह क़िताब पसंद थी।

我几天前喜欢那本书。

2. उन्हें होराइजनल बार खेलना भी ख़ूब आता है।

他们单杠也玩得很好。

आना 在这里是"会""懂得"的意思，某人会（或懂得）什么，某人后需加 को，आना 的形式随所会（或懂得）的事物的性、数变。例如：

उन को न सिर्फ़ हिन्दी आती है, बल्कि अंग्रेज़ी भी आती है।

他不仅会印地语，而且会英语。

हम लोगों को तैरना आता है।

我们会游泳。

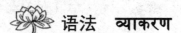

语法　व्याकरण

1．代词的带后形式

印地语代词带后置词时有较复杂的形式变化。现将代词带后形式变化列表如下：

带后形式＼后置词＼代词	में (से, पर)	को	का (के, की)
मैं	मुझ में	मुझ को, मुझे	मेरा (मेरे, मेरी)

तू	तुझ में	तुझ को, तुझे	तेरा (तेरे, तेरी)
वह	उस में	उस को, उसे	उस का (के, की)
यह	इस में	इस को, इसे	इस का (के, की)
हम	हम में	हम को, हमें	हमारा (हमारे, हमारी)
तुम	तुम में	तुम को, तुम्हें	तुम्हारा (तुम्हारे, तुम्हारी)
आप	आप में	आप को	आप का (के, की)
वे	उन में	उन को, उन्हें	उन का (के, की)
ये	इन में	इन को, इन्हें	इन का (के, की)
कौन	किस में	किस को, किसे	किस का (के, की)
कौन	किन में	किन को, किन्हें	किन का (के, की)
कोई	किसी में	किसी को	किसी का (के, की)
कोई	किन्हीं में	किन्हीं को	किन्हीं का (के, की)

2. 代词修饰名词

यह, वह, ये, वे 等代词在名词前修饰名词时，其形式需和所修饰的名词的形式一致。名词用无后形式时，代词亦用无后形式；名词用带后形式时，代词亦用带后形式；其形式变化与带 में 等后置词相同。例如：

无后形式　　　　　　　　带后形式

यह लड़का　　　　　　　　इस लड़के का

वह लड़की　　　　　　　　उस लड़की का

ये लड़के　　　　　　　　इन लड़कों का

वे लड़कियां　　　　　　　उन लड़कियों का

另外 कौन 和 कोई 修饰名词带后形式时亦需和名词带后形式一

致。其形式变化与带 में 等后置词相同。例如：

किस लड़के का　　　　　　　　किसी कमरे में

3.　न सिर्फ़...बल्कि...

न सिर्फ़. . . बल्कि. . . 是关联词，分别用于被连接的两个并列分句，构成并列复合句。例如：

वे न सिर्फ़ अंग्रेजी पढ़ाते हैं, बल्कि हिन्दी भी पढ़ाते हैं।

他不仅教英语，而且还教印地语。

मुझे न सिर्फ़ बास्केटबाल खेलना पसंद है, बल्कि वालीबाल और टेनिस खेलना भी पसंद हैं।

我不仅喜欢打篮球，而且喜欢打排球和网球。

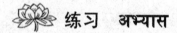

练习　अभ्यास

1. **语音练习：**

（1）注意的 ण, न, म 等鼻辅音的读音：

ण — प्रमाण　परिणाम　निर्णय　स्वर्ण　परमाणु

न — नक　नाक　नियम　नुकसान　नोच

म — मक़सद　मामला　मिल　मुसलमान　मोर

（2）注意 ड़ 和 र 的读音：

ड़ — लड़ना　कड़ा　जोड़　बेड़ी　गड़बड़　घबड़ाहट

र — रचना　घबराहट　रिटायर　रुकना　रोना

（3）注意复合辅音的读音：

चक्कर　च्युत　छत्र　छप्पर　जत्या　जन्म　जल्लाद

जिस्म　जिह्वा　ज्ञाता　ज्यष्ठा　ज्यों　झपट्टा　झल्लाना

टक्कर ट्रेन ठट्ठा डट्टा डिप्टी ड्योढ़ी ढक्कन

2. 朗读下面的词组：

जाने का मौका, दोपहर का खाना, हिन्दी में, बातें करना, बस से जाना, लम्बा बराम्दा, पूर्वी एशिया, बढ़िया चीज़, समाजवादी देश, ठीक नेतृत्व, पक्की इमारत, दक्षिण एशिया, पश्चिमी एशिया

3. 回答问题：

(क)

(1) कौन रस्सी फांद रहा है?

(2) आप को क्या खेलना पसंद है?

(3) किन्हें हाकी और हैण्डबाल का शौक है?

(4) क्या कुछ छात्र कुश्ती लड़ते हैं?

(5) गर्मी के दिनों में आप लोग क्या खेल-कूद करते हैं?

(6) सर्दी के दिनों में कौन कौन स्केटिंग या स्की करते हैं?

(7) बहुत से विद्यार्थी एक लड़के से क्या सीख रहे हैं?

(8) लड़कियां खेलकूद के मैदान में क्या कर रही हैं?

(ख)

(1) क्या तुम्हारा भाई सहपाठियों के साथ मेल से रहता है?

(2) क्या ये पत्रिकाएं तुम्हारी माता जी की हैं?

(3) क्या आप दवात मेज़ की दराज़ में रखते हैं?

(4) आप की कक्षा कैसी है?

(5) क्या यह घड़ी आप की है?

4. 把下面的陈述句改为疑问句，并作否定回答：

(1) तुम्हारे क्लास में कुल बारह विद्यार्थी हैं।

(2) इस कमरे में चार खिड़कियां हैं।

(3) वे शाम को घूमते हैं।

(4) उन के छात्रावास की दीवार पर एक अत्यन्त सुन्दर कैलेंडर है।

(5) यह कमीज़ कामरेड चू की है।

(6) वह गाय एक किसान की है।

(7) लड़कियां कभी कभी झगड़ा करती हैं।

(8) आप इस पलंग पर सोते हैं।

5. 改错：

(1) ये साबुन, टूथब्रश और टूथपेस्त किसे के हैं।

(2) वह लड़का मेरे दोस्त है। उन का परिवार बंबई में है।

(3) तुम्हारा लंगोटिया यार इस प्राइमरी स्कूल में पढ़ती थी।

(4) उन के मौसा और फूफा एक ही कारख़ाना में काम करता था।

(5) उस बहनोई रजाइयां, तकिये और चादरें को बांट रहे हैं।

(6) वे सात युवतियां आप के यहां नहीं जाती।

(7) मेरी बुआ ये लड़के को पढ़ाती हैं।

(8) उस की भाभी गृहस्थी संभालता है।

6. 翻译下面的词组：

(1) 还被褥　　　　　　　　(2) 开公共汽车

(3) 五辆无轨电车　　　　　(4) 六封信

(5) 出租汽车司　　　　　　(6) 请准时来

(7) 旧外套　　　　　　　　(8) 寻找摩托车

（9）作家们的责任　　　　　（10）去火车站
（11）做农活　　　　　　　（12）麻烦他人
（13）在纸上写字母　　　　（14）好好地（写）听写
（15）认真地做笔记　　　　（16）大声地朗读

7. 将下面的过去经常时改为现在经常时：
   (1) मेरी मौसी हाई स्कूल में पढ़ाती थीं।
   (2) किस की बहन किंडरगार्टन और शिशुशाला में काम करती थी?
   (3) इस के मामा हमेशा इस की माता की मदद करते थे।
   (4) वह डाकिया रोज़ साढ़े छ: बजे यहां उस का इन्तज़ार करता था।
   (5) मैं चीनी का हिन्दी में अनुवाद करता था।
   (6) तुम रात को पाठ की तैयारी करती थीं।
   (7) आप कब अभ्यास करते थे।

8. 就下列句子的画线部分提问：
   (1) वह तौलिया वाशबेसिन में रखता है।
   (2) छात्र टोपियां खूंटी पर टांगते हैं।
   (3) मामा और मामी लगभग सवा छ: बजे मुंह-हाथ धोते हैं।
   (4) बुआ शाम को घूमती है।
   (5) छोटी बच्चियों को केक, बिस्कुट और मिठाई खाना पसंद है।
   (6) अध्यापक अक्सर अभ्यास कराते हैं।
   (7) अध्यापिका वाक्यांश और वाक्य सुना रही हैं।
   (8) उन के पिता जी चीनी भाषा के अलावा चीनी साहित्य भी पढ़ाते हैं।

9. 选择适当的后置词填空：

$$\boxed{\text{को, पर, में, से, के साथ}}$$

（1）वह लड़की पेंसिल＿＿＿कापी＿＿कुछ लिख रही है।

（2）इस दुकान＿＿＿ककड़ी, गोभी आदि सब्ज़ियां बिकती हैं।

（3）आज दोपहर को मैं उन लोगों＿＿＿＿व्यायामशाला जाऊंगा।

（4）अध्यापक चाक＿＿＿＿बोर्ड＿＿＿लिख रहे हैं।

（5）आप उन छात्राओं＿＿＿देखिये।

10. 用所给词汇仿照例子谈话：

वह कहां जा रहा है?

वह क्लास रूम जा रहा है।

वह वहां क्या करेगा?

वह पाठ दोहराएगा।

（1）दुकान, मांस और टमाटर ख़रीदना

（2）प्रयोगशाला, प्रयोग-क्रिया करना

（3）वाचनालय, हिन्दी का अंग्रेज़ी में अनुवाद करना

（4）मिडिल स्कूल, अध्यापकों को देखना

11. 造句：

（1）न सिर्फ़...बल्कि　　　（2）पसंद होना

（3）आना　　　　　　　　（4）शौक़ होना

（5）तारीफ़ करना　　　　　（6）कभी...कभी...

（7）या　　　　　　　　　（8）चाहना

12. 用过去经常时翻译下面的句子：

(1) 男同学在广场上打排球。

(2) 女同学们喜欢跳绳和打乒乓球。

(3) 我爱好篮球、手球、曲棍球。

(4) 他不仅会英语，而且会印地语。

(5) 今天我们班比赛滑冰。

(6) 老师经常表扬优秀学生。

(7) 你们老师住在哪儿？

(8) 我们的宿舍明亮干净。

13. 翻译下面的短文：

　　我们班共有十个学生，五个男生，五个女生。我们每天都起得很早，起床以后就跑步，然后洗脸吃早饭。我七点三刻到教室去，八点开始上课。老师常常称赞我们。我们都是好朋友，相处得很和睦。

14. 背诵课文前四段和代词带后形式变化表。

15. 以 "हमारा क्लास" 为题互相问答，并说一段话。

16. 阅读练习：

इतवार को

आज इतवार है। आज हम सब सहपाठी बेइहाइ पार्क और जिंग-शान पार्क जाएंगे।

हम सब नये विद्यार्थी हैं। हम में से बहुत कम लोग बेइजिंग के हैं।

हम ज़्यादातर नये विद्यार्थियों के लिए यह तो वहां जाने का पहला मौका है।

आज हम वहां ख़ूब सैर करेंगे। तालाब में नाव चलाएंगे, और पहाड़ पर चढ़ेंगे।

आज दोपहर का खाना हम वहां खाएंगे। हम डबल रोटियां, अंडे और फल इत्यादि खाने की चीजें ले जाएंगे। वहां हम लोग साथ साथ खाएंगे।

आज का मौसम बहुत अच्छा है। हम फोटो भी लेंगे।

आज हमारी अध्यापिका विमला जी भी जाएंगी। वे हम से हिन्दी में बातें करेंगी।

शाम को हम वापस आएंगे। ज़्यादातर लोग बस से जाएंगे और बस से वापस आएंगे। कुछ लोग साइकिल से जाएंगे और साइकिल से वापस आएंगे।

इतवार（阳）星期天

नया（形）新的

ज़्यादातर（形）更多的

के लिए（后）对于

पहला（数）第一的

मौका（阳）机会

बेइहाइ पार्क（阳）北海公园

जिंग-शान पार्क（阳）景山公园

डबल रोटी（阴）面包

ले जाना 带去

विमला（人名）维摩拉

बातें करना 谈话

पैदल（副）步行

第二十课 बीसवां पाठ

पाठ	जंगल का दृश्य
बातचीत	शापिंग
व्याकरण	1. 动词过去进行时
	2. 反身代词

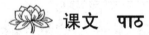

课文 पाठ

जंगल का दृश्य

कल इस समय हम जंगल में सैर कर रहे थे। जंगल का दृश्य कितना सुंदर और सुहावना था। वहां कितनी चहलपहल थी।

नीले आकाश में सफ़ेद बादल नज़र आ रहे थे। चिड़ियां इधर उधर उड़ रही थीं। हवा धीरे धीरे चल रही थी। पेड़ की पत्तियां हिल रही थीं, और सरसर की आवाज़ कर रही थीं।

तोते मीठी आवाज़ में गाना गा रहे थे। अबाबीलें चीं-चीं बोल रही थीं। छोटी छोटी मधुमक्खियां भनभना रही थीं।

आकाश में गिद्ध और कौवे चक्कर लगा रहे थे। ज़मीन पर मोर नाच रहे थे। तालाब में हंस तैर रहे थे। फूलों के बीच रंग-बिरंगी तितलियां उड़ रही थीं। झाड़ियों में गौरैयां इधर उधर उड़ रही थीं।

लोमड़ियां धीरे धीरे चल रही थीं। ख़रगोश जल्दी जल्दी दौड़ रहे थे। पेड़ के ऊपर बंदर फल तोड़ रहे थे। पेड़ के नीचे गिलहरियां उछल-कूद कर रही थीं। बकरे, गाय, घोड़े मैदान में घास चर रहे थे। नीलगाय नदी के किनारे पानी पी रही थीं। हाथी पानी में नहा रहे थे और खूब खेल रहे थे।

सभी जीव अपने मज़े में रहते थे। और हम लोग भी इस तरह के प्राकृतिक दृश्य में मस्त हो रहे थे।

会话　बातचीत

शापिंग

क: कहिये आप क्या ख़रीदना चाहते हैं?

ख: मैं कलम और काग़ज ख़रीदना चाहता हूँ।

क: अच्छा, यह लीजिये, कलम। इस का दाम सिर्फ़ ग्यारह रुपये हैं। और यह देखिये, यह काग़ज़ कितना सफ़ेद है।

ख: हां, यह कागज बिलकुल ठीक है। मैं इस को ख़रीदूंगा, मगर यह कलम मुझे ज़्यादा पसंद नहीं है। माफ़ कीजिये, मैं इस को नहीं ख़रीदना चाहता।

क: कोई हर्ज़ नहीं। आप और क्या ख़रीदना चाहते हैं?

ख: मैं एक कलमदान भी ख़रीदना चाहता हूँ।

क: कलमदान हमारे पास तरह तरह के हैं। आप ख़ूब देखिये। यह लाल रंग का आप को कैसा लगता है?

ख: मुझे हरे रंग का ज़्यादा अच्छा लगता है।

क: तो यह लीजिये, हरे रंग का। आप और भी कुछ ख़रीदेंगे?

第二十课 बीसवां पाठ

ख: और कुछ नहीं। नमस्कार।
क: नमस्कार।

词汇 शब्दावली

(क)

जंगल (阳) 树林, 森林
कल (副) 昨天, 明天
सुहावना (形) 美丽的, 令人愉快的
आकाश (阳) 天, 天空
बादल (阳) 云, 云彩
नज़र (阴) 目光, 视线
--- आना (阳) 被看见, 出现
चिड़िया (阴) 鸟, 小鸟
इधर-उधर (副) 到处, 四处
उड़ना (不及) 飞, 飞翔
हवा (阴) 空气, 风
धीरे धीरे (副) 慢慢地
चलना (不及)(风) 刮
पेड़ (阳) 树, 树木
पत्ती (阴) 小叶子
हिलना (不及) 摇动, 摆动
सरसर (阳) 沙沙声
आवाज़ (阴) 声音
सरसर की आवाज़ करना 发出沙沙声
तोता (阳) 鹦鹉
अबाबील (阴) 燕子
चींचीं (阴) 鸟鸣声
--- बोलना 鸟叫
मधुमक्खी (阴) 蜜蜂
भनभनाना (不及) 嗡嗡叫
गिद्ध (阳) 兀鹰
कौवा (阳) 乌鸦
चक्कर (阳) 转, 旋转
--- लगाना 转, 旋转, 散步
ज़मीन (阴) 土地, 田地
मोर (阳) 孔雀
तालाब (阳) 湖, 水池, 水塘
हंस (阳) 天鹅
फूल (阳) 花, 鲜花
के बीच (后) 在……之间

तितली（阴）蝴蝶
झाड़ी（阴）树丛，小树丛
गौरैया（阴）麻雀
लोमड़ी（阴）狐狸
ख़रगोश（阳）兔
बंदर（阳）猴子
तोड़ना（及）摘，采摘；折断
गिलहरी（阴）松鼠
उछल-कूद（阴）跳跃，蹦蹦跳跳
बकरा（阳）山羊
गाय（阴）母牛
घोड़ा（阳）马
घास（阳）草，青草
चरना（及）（牲兽）吃青草
नीलगाय（阴）羚羊
हाथी（阳）象，大象
जीव（阳）生物
अपना（代）自己的
मज़ा（阳）高兴，满意，满足
मज़े में 愉快地，乐意地
इस तरह का 这样的
प्राकृतिक（形）自然的
मस्त（形）陶醉于……的，
沉醉于……的

（ख）

शापिंग（阴）买东西
रुपया（阳）卢比（印度货币单位）
बिलकुल（副）完全，根本
माफ़（形）原谅的，谅解的
（को）--- करना 原谅，谅解
हर्ज़（阳）伤害
कलमदान（阳）笔盒
रंग（阳）颜色

语法　व्याकरण

1. 动词过去进行时

（1）动词过去进行时一般表示说话以前正在进行的动作，相当于汉语的“那时正在……”的意思。

（2）动词过去进行时有性和数的区别，无人称的区别，其构成是动词根＋रहा था（रहे थे, रही थी, रही थीं）。现在以动词 पढ़ना 为例，示其构成形式于下：

构成形式 性 代词	阳	阴
मैं, तू, यह, वह	पढ़ रहा था	पढ़ रही थी
हम, आप, तुम, ये, वे	पढ़ रहे थे	पढ़ रही थीं

（3）动词过去进行时的否定式是在动词前面加否定语气词 नहीं。现在仍以动词 पढ़ना 为例，示其构成形式于下：

构成形式 性 代词	阳	阴
मैं, तू, यह, वह	नहीं पढ़ रहा था	नहीं पढ़ रही थी
हम, आप, तुम, ये, वे	नहीं पढ़ रहे थे	नहीं पढ़ रही थीं

（4）例句：

लड़के बास्केटबाल खेल रहे थे, छात्राएं बैडमिंटन खेल रही थीं।
男孩子在打篮球，女生在打羽毛球。
कल रात को जब मैं चिट्ठी लिख रही थी, तब वे पाठ की तैयारी कर रही थीं।
昨天晚上我写信的时候，她在预习课文。
अध्यापक जी व्याकरण समझा रहे थे, मैं नोट कर रहा था।
老师（当时）在讲解语法，我在做笔记。
कल इस समय मैं टेलीविज़न नहीं देख रही थी।
我昨天这个时候没有看电视。

2. 反身代词

（1）反身代词是指主体自身的一种人称代词。印地语里只有一个反身代词 आप。反身代词 आप 没有性、数的区别，是泛指单复数所有的人称代词。

（2）反身代词 आप 带后置词时一般无形式变化，但它与 का 结合后变为 अपना。अपना 的带后形式为 अपने，而它修饰名词时的变化规则与变 आ 类形容词同。

（3）反身代词 आप 有下述强势形式：आप ही，अपने आप，आप ही आप，आप से आप।

（4）反身代词的无后形式在句中作状语，带后形式在句中可作定语、宾语、宾语补足语等。例如：

वह आप यह काम करेगा । （作状语）

ये आप ही आप वहां जाएंगे। （作状语）

हम अपने अपने घर वापस जा रहे हैं। （作定语）

तुम अपने को मत मारो। （作宾语）

वह अपने को डाक्टर बताता है। （作宾语）

वह अपनी माता जी से बातचीत कर रही है। （作定语）

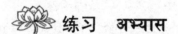

练习 अभ्यास

1. 语音练习：

（1）注意的 ख़, ह, स, ज़ 的读音：

ख़ — ख़बर	ख़ातिर	ख़ुद	ख़ून	ख़िलाफ़	ख़ैर
ह — हथियार	हाज़िर	हिम	हुकूमत	हैरान	होश
स — सकरा	सादा	सिरा	सुधार	सेनापति	सोचना

ज़ — ज़हर ज़ाहिर ज़िक्र ज़ुकाम ज़ोरदार

（2）注意复合辅音的读音：

तसल्ली तात्विक तात्पर्य त्रिकोण त्रुटि दग्ध दर्शक

दुर्भाग्य द्रोही धर्म धृष्ट ध्वस्त न्यारा पक्ष पत्तल

पत्थर पुष्प प्यास प्रकट प्रिय प्रौढ़ फ़्राक फ़्रम ब्रह्म

ब्रिगेड

2. 朗读下面的词组：

पाठ समझाना, कापी में नक़ल करना, उच्चारण कराना,

बड़ी बड़ी इमारतें सुन्दर सुन्दर फूल, अच्छी अच्छी क़िताबें,

ठीक समय पर, इधर-उधर उड़ना, सफ़ेद सफ़ेद बादल,

धीरे धीरे चलना, चक्कर लगाना

3. 回答问题：

(क)

（1）आप लोग कहां सैर कर रहे थे?

（2）जंगल का दृश्य कैसा था?

（3）पेड़ की पत्तियां क्या कर रही थीं?

（4）गिद्ध और कौवे क्या कर रहे थे?

（5）आकाश में क्या नज़र आ रहा था?

（6）कौन गाना गा रहा था?

（7）मोर क्या कर रहे थे?

（8）बंदर क्या तोड़ रहे थे?

（9）हाथी क्या कर रहे थे?

（10）तितलियां कहां उड़ रही थीं?

（ख）

（1）क्या आप लोग इस मैदान में वालीबाल, हैण्डबाल आदि खेलते थे?

（2）क्या लड़कियां चीनी साहित्य पढ़ती थीं?

（3）क्या कल इस समय लड़के कुश्ती लड़ रहे थे?

（4）क्या तुम्हें लम्बी कूद और ऊंची कूद का शौक था?

（5）किस को टेनिस, टेबुलटेनिस खेलना पसंद है?

4. 快速说出下述动词过去经常时的各种构成形式：

मुस्कराना, हंसना, सीखना, भेजना, कहना, बताना

5. 改错：

（1）वे छात्राएं दर्शनशास्त्र और कानून नहीं पढ़ती।

（2）मैं मूली और आलू खाना पसंद नहीं है।

（3）हमारे अध्यापक जी हिन्दी के अलावा अंग्रेज़ी भी आती है।

（4）आप पत्र को इस लेटर-बक्स में डालो।

（5）वह कभी साइकिल से यहां आते हैं, कभी स्कूटर से यहां आते हैं।

6. 把现在进行时改为过去进行时：

（1）कामरेड वांग अर्थशास्त्र पढ़ रहा है।

（2）कुछ डाकियों और ड्राइवरों के बीच हाकी की प्रतियोगिता हो रही है।

（3）वह वाचनालय में इतिहास दोहरा रही है।

（4）वे बेइ ताए हो(北戴河) की अच्छी आबोहवा में छुट्टी बिता रही हैं।

（5）पचीस विद्यार्थी रेल-गाड़ी से यात्रा कर रहे हैं।

（6）वहां अंडे, गाजर और पालक बिक रहे हैं ।

（7）वह लाल किले में संगीत सुन रही है।

(8) सैकड़ों आदमी त्रिवेणी में स्नान कर रहे हैं।

7. 就下面句子的画线部分提问，并作否定回答：

(1) तुम <u>पौने आठ बजे</u> <u>कक्षा</u> जाती हो।

(2) वह <u>पूर्वी भाषा और साहित्य विभाग</u> में पढ़ता है।

(3) वह <u>साढ़े ग्यारह बजे कैंपस</u> में वापस जाती है।

(4) आप <u>सवा छै बजे</u> उठते हैं।

(5) इस समय <u>पालक और टमाटर वग़ैरह सब्ज़ियों</u> का दाम सस्ता होता है।

(6) लड़कियों को <u>सैर-सपाटा करना</u> पसंद है।

(7) ये लोग परसों <u>उस ऊंचे पहाड़ पर</u> चढ़ेंगे।

(8) वे <u>झील के किनारे</u> <u>चक्कर लगा</u> रहे हैं।

8. 翻译下面的词组：

(1) 困难的问题　　　　(2) 借书

(3) 黄河　　　　　　　(4) 到别的地方去

(5) 划船　　　　　　　(6) 各种各样的苹果和梨

(7) 一点钟　　　　　　(8) 五只手表

(9) 三点零五分　　　　(10) 差一刻十点

(11) 六点一刻　　　　　(12) 十二点一刻

(13) 四点二十五分　　　(14) 差十分五点

(15) 五部戏剧　　　　　(16) 乘飞机来

9. 用过去进行时填空：

(1) युवतियां रस्सी _____ (फांदना)।

（2）हम अखरोट और मूंगफली_____（खाना）।

（3）वह मेरे साथ मोटर-साइकिल से कारख़ाने में_____（जाना）।

（4）बाकी विद्यार्थी हाकी_____（खेलना）।

（5）अध्यापिका जी इन की तारीफ़_____（करना）।

（6）कुछ छात्र पैरेलर बार और होराहजनल बार_____（खेलना）।

（7）एक ग्राहक किशमिश और सूर्यमुखी के बीज आदि मेवे_____（ख़रीदना）।

（8）यह लड़की लिफ़ाफ़ों पर टिकट_____（लगाना）।

（9）मैं एक सहपाठी के साथ कुश्ती_____（लड़ना）।

10. 将下面的现在时态改为过去时态：

（1）मुझे खटमीठा अनार अच्छा लगता है।

（2）वे साथ साथ यहां स्केटिंग करती हैं।

（3）बहुत कम महिलाएं सिग्रेट पीती हैं।

（4）हम उस से बातचीत करते हैं।

（5）आप किस से बातचीत कर रही हैं?

（6）तुम कुछ सस्ती चीजें बेचती हो।

（7）उन की पढ़ाई अच्छी तरह हो रही है।

（8）वह बालपेन से नोट लिख रही है।

（9）यह बहुत झेंप रहा है।

11. 翻译下面的句子：

（1）昨天这时我们正在颐和园游览。

（2）那山上的景色美丽宜人。

（3）当时（उस समय）许多猴子在摘果子。

（4）大象那时正在湖里洗澡。

（5）昨天三点钟我正在买针线、手电筒和电池等。

（6）两个小时以前（दो घंटे पहले）我在写信。

（7）水果对身体没有害处。

（8）这个街区非常热闹。

（9）她不到这儿来，因为她正在做实验。

（10）他正在分信件和包裹。

12. 翻译下面的短文：

　　从前我经常在这个商店买东西，因为当时这个商店的东西价格很便宜。外衣、衬衣和墨水、胶水等必需品都不贵，因为这个商店的经理非常聪明，他安排得很好。售货员们也很好，他们工作很努力。

13. 用过去进行时造句：

　　（1）नज़र आना　　　（2）उड़ना

　　（3）चढ़ना　　　　　（4）चक्कर लगाना

　　（5）दौड़ना　　　　（6）तोड़ना

　　（7）में मस्त होना　　（8）सैर करना

14. 以 हमारे मित्र का परिवार 为题互相问答，并说一段话。

15. 背诵本课课文和过去进行时动词构成表：

16. 阅读练习：

एक चिट्ठी

प्रिय ली मिंग,

सप्रेम नमस्ते।

समय जल्दी बीत रहा है। अब मैं बेइजिंग विश्वविद्यालय में हिन्दी पढ़ रहा हूँ। मुझे यह भाषा बहुत पसंद है।

यहां पर बड़ी खुशी से रहता हूँ। यहां हम बहुत व्यस्त हैं, लेकिन हमारा जीवन बहुत दिलचस्प है। यहां मेरे लिये बहुत सी सीखने लायक नयी चीजें हैं।

हमारी हिन्दी की कक्षा रोज़ होती है। इस के अलावा हम अंग्रेजी, चीनी, इतिहास इत्यादि विषय भी पढ़ते हैं। हमारे अध्यापक हमें बहुत अच्छी तरह पढ़ाते हैं। हम उन का बहुत आदर करते हैं।

कक्षा के अलावा हमारे तरह तरह के कार्यक्रम भी होते हैं। हम खेलकूद ख़ूब करते हैं और सांस्कृतिक कार्यक्रम में भी भाग लेते हैं। कभी कभी हम सभा का आयोजन भी करते हैं।

आजकल पतझड़ का मौसम है। मुझे यह मौसम बहुत अच्छा लगता है, ख़ास तौर से बेइजिंग में। इस मौसम में न सर्दी पड़ती है और न गर्मी।

अच्छा, यह तो बताओ, आजकल तुम्हारी क्या हालचाल है? तुम मुझे जल्दी चिट्ठी लिखो और अपने बारे में कुछ बताओ।

तुम्हारा

वांग ह्वा

प्रिय（形）亲爱的

सप्रेम（副）深情地

बीतना（不及）度过，消磨

जीवन（阳）生活

व्यस्त（形）忙的，忙碌的

दिलचस्प（形）有趣的

第二十课　बीसवां पाठ

खुशी（阴）高兴
खुशी से　高兴地
मेरे लिए　对于我来说
यहां मेरे लिए बहुत सी सीखने लायक नयी चीज़ें हैं।（对于我来说，这里有许多值得学习的新东西。）
न...न...　既不……也不……
हालचाल（阴）情况，状况
कभी कभी　有时

सभा（阴）会议
आयोजन（阳）组织，举行
आजकल（副）现在，近来
पतझड़（阴）秋天，秋季
मौसम（阳）气候
ख़ास तौर से　特别地
चीज़（阴）物品，东西
आदर（阳）尊敬
सांस्कृतिक（形）文化的

第二十一课　इक्कीसवां पाठ

पाठ	मेरे सहपाठी
बातचीत	रात्रि समारोह
व्याकरण	1. 助动词
	2. 基数词
	3. 集数词

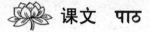

课文　पाठ

मेरे सहपाठी

हमारे क्लास में कुल तेईस विद्यार्थी हैं, बारह लड़के और ग्यारह लड़कियां। हमें न सिर्फ़ हिंदी पढ़ने में दिलचस्पी है, बल्कि नाच-गाने, कला और तरह तरह के खेल का भी बड़ा शौक है।

एक लड़की कलाकार है। वह अच्छी तरह चित्र खींच सकती है। इस के अलावा, वह मूर्ति भी ख़ूब बना सकती है।

तीन लड़के गायक हैं। वे तीनों भारतीय लोकगीत ख़ूब गा सकते हैं।

एक लड़का और एक लड़की संगीतकार हैं। वे दोनों अच्छी तरह बाजा बजा

सकते हैं। लड़का वीणा, सितार और तबला बजा सकता है। लड़की प्यानो, गिटार और वाओलीन बजा सकती है।

दो लड़के और दो लड़कियां नर्तक हैं। वे चारों अच्छी तरह सामूहिक नाच नाच सकते हैं। उन में एक लड़का ख़ूब डिस्को नाच सकता है।

पांच लड़के फ़ोटो खींचने में निपुण हैं। वे पांचों स्वयं फ़ोटो छाप सकते हैं।

एक लड़का शतरंज का सफल खिलाड़ी है। वह न सिर्फ़ शतरंज खेल सकता है, बल्कि ताश भी खेल सकता है।

एक लड़का जादूगर है। वह तरह तरह के जादू खेल सकता है। हां, वह हमारे क्लास का विदूषक भी है। वह रोज़ ख़ूब हंसी-मज़ाक कराता है।

मैं तो बस सिर्फ़ बांसुरी बजा सकता हूँ, दूसरा खेल नहीं खेल सकता।

हमारे क्लास के सब सहपाठी एक साथ खुशी से जीवन बिताते हैं।

会话 बातचीत

रात्रि-समारोह

क: कल रात को मैदान में बहुत भीड़ थी। वहां क्या हो रहा था?

ख: वहां एक रात्रि-समारोह हो रहा था।

क: अच्छा, रात्रि-समारोह। समारोह में लोग क्या कर रहे थे?

ख: कुछ लोग गाना सुन रहे थे, कुछ लोग नाच देख रहे थे तथा कुछ लोग बेइजिंग आपेरा और हास्यवार्ता का आनन्द ले रहे थे।

क: प्रोग्राम कैसे थे?

ख: सब प्रोग्राम बहुत अच्छे थे। दर्शक लोग कभी कभी ज़ोर ज़ोर से हंस रहे थे और तालियां बजा रहे थे।

क: क्या समारोह बहुत अच्छा था?

ख: जी हां, समारोह बहुत अच्छा था।

词汇 शब्दावली

（क）

तेईस（数）二十三
दिलचस्पी（阴）兴趣
नाच-गाना（阳）歌舞
कला（阴）艺术
खेल（阳）游戏，娱乐，运动
कलाकार（阳）艺术家
खींचना（及）描绘，摄影
सकना（不及）能，能够
मूर्ति（阴）雕像，偶像
बनाना（及）做，制造，生产
गायक（阳）歌唱家，歌手
तीनों（数）三，三个
लोकगीत（阳）民歌
संगीतकार（阳）音乐家
बाजा（阳）乐器
बजाना（及）弹奏，敲（钟），击（鼓）
वीणा（阴）维纳琴（印度一种弦琴）
सितार（阳）（印度的）七弦琴
तबला（阳）手鼓
प्यानो（阳）钢琴
गिटार（阳）吉他
वाओलीन（阳）小提琴
नर्तक（阳）舞蹈家
चारों（数）四，四个
सामूहिक（形）集体的
डिस्को（阳）迪斯科
निपुण（形）灵巧的，熟练的
पांचों（数）五，五个
स्वयं（副）自己
छापना（及）印刷，洗印（照片）
शतरंज（阴）棋
सफल（形）成功的
खिलाड़ी（阳）运动员
ताश（阳）扑克牌
जादूगर（阳）魔术师
जादू（阳）魔术
विदूषक（阳）丑角
हंसी-मजाक（阳）玩笑
--- कराना 开玩笑

बांसुरी（阴）笛子

खुशी（阴）高兴，愉快

--- से 高兴地，愉快地

जीवन（阳）生活

（ख）

रात्रि（阴）夜，夜晚

समारोह（阳）集会，大会

रात्रि-समारोह（阳）晚会

आपेरा（阳）歌剧

बेइजिंग ---（阳）京剧

हास्यवार्ता（阴）相声

आनन्द लेना 享受

प्रोग्राम（阳）节目

दर्शक（阳）观看者，观众

कभी कभी 有时

ताली（阴）鼓掌，拍手

--- बजाना 鼓掌，拍手

注释 टिप्पणी

हमें न सिर्फ़ हिन्दी पढ़ने में दिलचस्पी है, बल्कि नाच-गाने, कला और तरह तरह के खेल का भी शौक है।

我们不仅有兴趣学习印地语，而且喜欢唱歌、跳舞、艺术和各种运动。

1. पढ़ने 是动词不定式的带后形式，作 में 的补语。这个后置词短语作 दिलचस्पी 的定语。

2. ...में दिलचस्पी होना，意即“对……感兴趣”，逻辑主语后需加को。例如：

मुझे फ़ोटो खींचने में दिलचस्पी है। 我对照相感兴趣。

3. ...का शौक होना，意即“迷恋……”“喜欢……”，逻辑主语

后需加 को。例如：

मेरी छोटी बहन को टेनिस का शौक है।
我妹妹喜欢打网球。

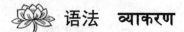 语法　व्याकरण

1. 助动词

（1）助动词：印地语助动词指的是对主要动词起辅助作用，而本身又具有词汇意义的动词。

（2）助动词 सकना 的用法：सकना 表示能力、允许等意义，相当于汉语的"能……""会……""可以……"等。सकना 不能用作谓语动词，而只能和主要动词的词根连用，构成复合动词。सकना 可以用于现在经常时和过去经常时等时态，但不能用于现在进行时和过去进行时。सकना 既可用肯定式又可用否定式，用否定式时一般在主要动词前加 नहीं。例如：

वे हिन्दी में बातचीत कर सकते हैं।　他们能用印地语对话。
आप जा सकते हैं।　　　　　　　您可以走。
मैं यह काम कर सकूंगा।　　　　　我（将）会做这工作。
तुम नहीं जा सकतीं।　　　　　　你不能走。
वह अंग्रेज़ी नहीं पढ़ सकता।　　　　他不会读英语。

2. 基数词

印地语基数词不同于汉语的基数词，具有自己的特点，写法和读法既可以不同又可以相同，例如汉语的"一"，印地语中既可以写作"१",又可以写作"एक"。此外,印地语一至一百的基数词不像汉语那样规则,初学时必须多练习。另外,印地语的基数词中没有"万""百万""亿"等,而分别说成"十千""十个十万""十个千万"等。

印地语基数词没有形式变化,在句中主要用作定语,但也可用作主语、表语、宾语等。例如:

दो लड़के आ रहे हैं।　　　　（作定语）
तीन और तीन छै होते हैं।　　（分别作主语和表语）
मुझे पांच दीजिये।　　　　　（作宾语）

3. 集数词

集数词由基数词派生,是在基数词后加 ओं 构成的。例如:

तीन ＋ ओं ＝तीनों　　　　पांच ＋ ओं ＝पांचों

但基数词 दो 和 छ: 构成集数词时,形式略有变化:

基数词　　　　集数词
दो　　　　　　दोनों
छ:　　　　　　छहों

集数词可以名词化,在句中可以起到名词的语法功能,因此它不仅可以作定语,而且可以作宾语等。例如:

आप उन पांचों को बताइये।　　（作宾语）
उस के दोनों हाथों में मिठाइयां हैं।　（作定语）

练习 अभ्यास

1. 语音练习：

（1）注意 क्ष, द्य, द्व 的读音：

क्ष — क्षण　क्षात्र　क्षितिज　क्षुद्र　क्षेत्र　शिक्षा

द्य — द्युलोक　द्योतक　विद्या　विद्युत　खाद्य

द्व — द्वीप　द्वार　विद्वान　द्वेष　द्वारा

（2）注意复合辅音的读音：

भ्रमण　भ्राता　म्याऊं　म्यान　म्लेच्छ　राष्ट्र　राष्ट्रीय　श्रम

श्याम　श्रीमती　श्रेणी　श्वास　श्वेत　स्टार्ट　स्टीमर　स्त्री

स्रोत　स्वच्छंदता　स्वार्थ　वृति　ह्रास

2. 朗读下面的词组：

हमारे क्लास में,　में दिलचस्पी होना,　तरह तरह के खेल,
चित्र खींच सकना,　इस के अलावा,　सामूहिक नाच,　में निपुण होना,
फ़ोटो छापना,　शतरंज का खिलाड़ी

3. 朗读下面的句子：

（1）लड़कियां बड़ी खुशी से गाना गा रही हैं।

（2）यह रोज़ हंसी-मजाक कराता है।

（3）क्या वे पहाड़ी पर चढ़ रहे थे ?

（4）क्या चार दिनों के बाद छुट्टी खत्म होगी?

（5）वह आज कैंपस में वापस नहीं आएगा।

（6）तुम जल्दी पाठ की तैयारी करो।

4. 回答问题:

(क)

(1) तुम्हारे क्लास में कितने विद्यार्थी हैं?
(2) कौन शतरंज और ताश खेल सकता है?
(3) क्या आप को बांसुरी बजाने में दिलचस्पी है?
(4) क्या लोगों को हिन्दी पढ़ने का शौक है?
(5) किस को चित्र खींचना आता है?
(6) तुम्हारे क्लास में संगीतकार हैं?
(7) क्या आप डिस्को नाच सकते हैं?
(8) तीन गायक क्या गाना गा सकते हैं?
(9) क्या तुम लोग मेल से नहीं रहते?
(10) कौन फ़ोटो लेने में निपुण है?

(ख)

(1) क्या आप को जंगल का दृश्य अच्छा लगता है?
(2) क्या तुम प्राकृतिक दृश्य में मस्त होते हो?
(3) क्या वे लोग रोज़ शाम को झील के किनारे चक्कर लगाते हैं?
(4) क्या लड़कों को रस्सी फांदना पसंद है?
(5) आप लोग रोज़ क्या खेल-कूद करते हैं?

5. 分析下面的句子成分:

(1) यह हरे रंग की टोपी बहुत अच्छी है।
(2) वह अक्सर मीठी चीज़ खाती है।
(3) आप मुझे गोंद दीजिये।
(4) उस के पास सब तरह की क़िताबें हैं।

6. 把下列集数词变为基数词：

   दोनों, चारों, पांचों, सातों, आठों, दसों

7. 改错：

   (1) कई ग्राहक दियासलाई ख़रीदना चाहता है।

   (2) कल दोपहर को मैं अपने मुहल्ले और अपनी गली में वापस जाता हूं।

   (3) उस का पत्नी गृहस्थी संभालता है।

   (4) आज दोपहर को मेरा लंगोटिया दोस्त ट्रालीबस से आएंगे।

   (5) वे स्कूटर से पार्सल भेजेगा।

   (6) कल हम बस से मामा जी के घर जाऊंगा।

8. 把现在经常时改为过去经常时：

   (1) मेरे पिता जी खेती का काम करते हैं।

   (2) उस की भाभी किंडरगार्टन और शिशुशाला में काम करती है।

   (3) तुम सेना में नेतृत्व का काम करते हो।

   (4) मामी और मौसी रोज़ कारख़ाने में जाती हैं।

   (5) तू वालीबाल और बास्केटबाल खेलता है।

   (6) यह ठीक समय पर क़िताब वापस करती है।

   (7) उस का बहनोई टैक्सी चलाता है।

9. 翻译下面的词组：

   (1) 白云   (2) 蓝色的天空

   (3) 必需品   (4) 姑父的黑衬衫

   (5) 永远互相帮助   (6) 等一会儿

   (7) 五颜六色的衣服   (8) 小商品

（9）做体操　　（10）寻找包裹
（11）麻烦别人　　（12）发出沙沙声
（13）十个卢比　　（14）五只狐狸
（15）帮助别人　　（16）摘花

10. 把下面的句子改为疑问句，并作否定回答：

（1）लेखक अच्छी तरह अपना कर्तव्य जानता है।
（2）उस के मौसा जी वज़न उठा रहे हैं।
（3）सर्दी में मैं न सिर्फ़ स्केटिंग करता हूँ, बल्कि स्की भी करता हूँ।
（4）गर्मी में वे इस तालाब में स्नान करते हैं।
（5）तितलियां झाड़ियों के बीच उड़ रही हैं।
（6）बकरे और घोड़े इधर-उधर घास चर रहे हैं।
（7）हाथी, गाय और बंदर वग़ैरह जीव मज़े में रहते हैं।

11. 造句：

（1）दिलचस्पी होना　　（2）न सिर्फ़…बल्कि…
（3）का शौक होना　　（4）खींच सकना
（5）के अलावा　　（6）में निपुण होना
（7）माफ़ करना　　（8）खड़ा होना

12. 翻译下面的句子：

（1）我们对歌舞有很大的兴趣。
（2）我们班不仅有艺术家，而且有音乐家。
（3）他们喜欢学习印地语。
（4）你能塑像吗？

（5）有些女生能弹奏钢琴和吉他等乐器。

（6）我能洗照片。

（7）小李只能弹维纳琴。

（8）他是我们的优秀的歌手。

（9）那位男生是位很好的小丑。

（10）小王只能敲鼓。

13. 用过去进行时翻译下面的句子：

（1）昨天这时她正陶醉在音乐之中。

（2）鹿和羚羊正在喝水。

（3）他们正在玩双杠。

（4）我们正在打网球。

（5）姑娘们正在打羽毛球。

14. 用所给词汇仿照例句对话：

कल इस समय आप कहां थे?

मैं व्यायामशाला में था।

आप वहां क्या कर रहे थे?

मैं वहां वालीबाल खेल रहा था।

（1）मैदान में   फुटबाल खेलना

（2）समर-पैलेस में   सैर करना

（3）वाचनालय में   अभ्यास करना

（4）छात्रावास में   कपड़े धोना

第二十一课 इक्कीसवां पाठ

15. 以 **विश्वविद्यालय में हमारा जीवन** 为题互相问答，并说一段话。

16. 阅读练习：

भारत

भारत का आकार त्रिकोण है। इस के उत्तर में हिमालय की ऊंची पर्वतश्रेणियां हैं। यह पर्वत विश्व का सबसे ऊंचा पर्वत है। इस की चोटियां आसमान से बातें करती हैं। इस के नीचे विशाल मैदान है। उस के नीचे विन्ध्याचल की पर्वतमाला है और इस के नीचे दक्षिण का विशाल पठार है। पश्चिमी और पूर्वी घाट त्रिकोण की भुजाएं हैं और त्रिकोण के सिरे पर कन्याकुमारी है।

यह पर्वतों, मैदानों, जंगलों, झीलों और नदीयों का एक बड़ा देश है। वर्षा और नदियों का पानी यहां की धरती को उपजाऊ बनाता है।

आकार（阳）形状	पर्वतमाला（阳）山脉
त्रिकोण（阳）三角形	पठार（阳）高原
इस के उत्तर 在它的北面	घाट（阳）海岸
पर्वत（阳）山	भुजा（阴）手臂
चोटी（阴）山峰	सिरा（阳）端，尖端
आसमान（阳）天空	कन्याकुमारी（地名）科摩林角
मैदान（阳）平原	वर्षा（阴）雨
विन्ध्याचल（山名）文迪亚山	उपजाऊ（形）肥沃的

第二十二课　बाईसवां पाठ

पाठ	हमारी मातृभूमि
बातचीत	छुट्टी के बारे में
व्याकरण	动词不定式的用法

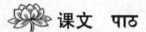 课文　पाठ

हमारी मातृभूमि

चीन हमारी मातृभूमि है। वह एक महान देश है।

वह दुनिया के सब से बड़े देशों में से एक है। उसका क्षेत्रफल लगभग पूरे योरप के बराबर है। यहां विस्तृत उपजाऊ खेत हैं, बड़ी बड़ी पर्वतशृंखलाएं हैं, और बड़ी बड़ी नदियां व झीलें हैं।

चीन की आबादी लगभग १,३९०,०००,००० है। इसमें नब्बे फ़ीसदी से ज़्यादा लोग हान जाति के हैं। इसके अलावा दूसरे लोग अल्पसंख्यक जातियों के हैं।

चीन एक समाजवादी देश है। उसके राज्य का नेतृत्व चीनी कम्युनिस्ट पार्टी ही करती है। आजकल चीनी जनता कम्युनिस्ट पार्टी के नेतृत्व में अपने देश का आधुनिकीकरण कर रही है। वह बहुत सुखमय जीवन बिताती है, और अपनी

मातृभूमि को बहुत प्यार करती है।

हम चीनी नौजवान हैं। हमारा भविष्य बहुत उज्जवल है। हमारे लिए यह बहुत गौरव की बात है।

हम विश्वविद्यालय के विद्यार्थी हैं। हम हिन्दी सीखते हैं। हम ज़रूर मेहनत से सीखेंगे, और स्नातक होने के बाद अच्छी तरह अपनी मातृभूमि की सेवा करेंगे।

会话 बातचीत

छुट्टी के बारे में

क: हेलो, वांग जी, क्या आप सर्दी की छुट्टी में घर वापस जाएंगे?

ख: जी हां, मैं घर वापस जाऊंगा। और आप?

क: मैं भी घर वापस जाऊंगा, लेकिन सीधे घर नहीं जाऊंगा। मैं पहले सामाजिक जांच-पड़ताल करना चाहता हूँ।

ख: यह बहुत अच्छा है। आप कहां जाएंगे?

क: मैं येनआन जाऊंगा और वहां की सभी स्थितियां मालूम करने की कोशिश करूंगा।

ख: अच्छा, बहुत अच्छा। येनआन हमारे देश का क्रांति केंद्र था, चीन के इतिहास में येनआन बहुत महत्वपूर्ण है। मुझे आशा है कि आप सफल होंगे।

क: बहुत धन्यवाद।

词汇 शब्दावली

(क)

मातृभूमि（阴）祖国

महान（形）伟大的

दुनिया（阴）世界
क्षेत्रफल（阳）面积
पूरा（形）全部的，完全的
योरप（阳）欧洲
बराबर（形）相等的，相同的；
　　　　　　同等的
के ---（后）与……相当，
　　　　　和……一样
विस्तृत（形）宽广的；巨大的
उपजाऊ（形）肥沃的
खेत（阳）田地，耕地
पर्वतशृंखला（阴）山，山脉
आबादी（阴）人口
करोड़（数）千万
१,३९०,०००,००० （数）
读作 एक अरब उनतालीस करोड़
नब्बे（数）九十
फ़ीसदी（数）百分之
ज़्यादा（形）多的，更多的
जाति（阴）民族
हान --- 汉族

अल्पसंख्यक（形）少数的
राज्य（阳）国家，统治
कम्युनिस्ट（形）共产主义的
　　　　　（阳）共产主义者
पार्टी（阴）党，政党
आजकल（副）近来，这几天
के नेतृत्व में（后）在……的领导下
आधुनिकीकरण（阳）现代化
--- करना 进行现代化建设
सुखमय（形）幸福的
प्यार（阳）爱，爱情
（को）--- करना 爱，抚爱，
　　　　　　热爱
भविष्य（阳）将来，前途，未来
उज्जवल（形）光明的
गौरव（阳）光荣，名誉
स्नातक（阳）大学毕业生
--- होना 大学毕业
सेवा（阴）服务
（की）--- करना 服务

（ख）

हेलो（感）喂　　　　　　　　सीधे（副）笔直地，直接地

सामाजिक（形）社会的
जांच-पड़ताल（阴）调查，考察，检查
（की）--- करना 调查，考察，检查
कोशिश（阴）努力，试图，企图
（की）--- करना 努力，试图
येनआन（地名）延安
स्थिति（阴）情况

मालूम（形）知晓的，知道的
--- करना 打听，弄明白
क्रांति（阴）革命
केंद्र（阳）中心
महत्वपूर्ण（形）重要的，具有重要意义的
आशा（阴）希望
（को）--- होना 希望
सफल होना 成功，达到目的
धन्यवाद（感）谢谢！

注释　टिप्पणियां

1. वह दुनिया के सब से बड़े देशों में से एक है।

她是世界上最大的国家之一。

में से 是复合后置词，意为"从……里面"，में से एक होना 的意思是"……中之一"。例如：

वह श्रेष्ठ विद्यार्थियों में से एक है।　他是一个优秀的学生。

2. ...बड़ी बड़ी नदियां व झीलें हैं।

有许多大河和湖泊。

व 是并列连接词，多用于连接词或短语，而不用于连接句子和句子。例如：

मैं हिन्दी व अंग्रेज़ी पढ़ता हूं।

但不能说 मैं हिन्दी पढ़ता हूँ व वह भी हिन्दी पढ़ता है।

3. हमारे लिए यह बहुत गौरव की बात है।

这对我们来说是很光荣的事。

के लिए 在这里不是“为了”的意思，而是“对于……”“对……来说”。例如：

यह क़िताब मेरे लिए बहुत उपयोगी है।

这本书对我很有用。

4. मुझे आशा है कि आप सफल होंगे।

我祝你成功。

（1）आशा होना 的逻辑主语后需加 को，后面跟的从句必须用将来时。例如：

अध्यापक जी को आशा है कि हम मेहनत से पढ़ेंगे।

老师希望我们努力学习。

उस के पिता जी को आशा है कि वह अच्छी तरह काम करेगा।

他父亲希望他好好工作。

（2）कि 是阐释连接词，用于引导名词性的从句。例如：

सच बात यह है कि उस को हिन्दी नहीं आती।

实际上他不懂印地语。

मैं समझता हूं कि यह ठीक है।

我认为这是对的。

第二十二课 बाईसवां पाठ

语法 व्याकरण

动词不定式的用法

（1）动词不定式是非谓语动词的一种，具有名词和动词的双重特征，既可以带有状语、宾语、自己的施事等，也可以带有后置词。动词不定式在句中可以作主语、宾语和表语等，例如：

अच्छी तरह पढ़ना हमारा कर्तव्य है।　（作主语）
मैं आप के साथ वहां जाना चाहता हूं।　（作宾语）
आप का काम उस की मदद करना है।　（作表语）

（2）动词不定式的带后形式是将"ना"变为"ने"。不定式带上后置词就构成了后置词短语，不定式成了后置词的补语。不定式和后置词构成的后置词短语在句中作除谓语动词外的各种成分，例如：

अब पढ़ने का समय है।　（作定语）
हम पुस्तकालय में पढ़ने के लिए जा रहे हैं।（作状语）

练习 अभ्यास

1. 语音练习：

（1）注意 फ फ़ 的读音区别：

फ — फल　फाटक　फिरना　फीका　फुरती　फेर
फ़ — फ़र्क　फ़ायदा　फ़िक्र　फ़ीता　फ़ुज़ूर　फ़ेल

（2）注意半鼻音和鼻辅音的读音区别：

ँ — आँख   हँसना   नहीं   हाँ   ऊँचा   चौंसठ

अं — गंगा   हंस   चिंता   ज़िन्दा   तुरंत   लंगूर

（3）注意复合辅音的读音：

क्षमता   क्षितिज   क्षेत्र   ज्ञापन   ज्ञात   विद्या   द्योतक   विद्युत

द्वापर   द्विजाति   द्वेषपूर्ण   क्षेत्रफल   विस्तृत   पर्वतश्रृंखला

स्थिति   क्रांतिकारी   महत्वपूर्ण   केंद्रीय   अल्पसंख्यक   उज्जवल

प्यार   नेतृत्व   राज्य

2. 朗读下面的词组：

महान मातृभूमि,   सैनिकों में से,   योरप के बराबर होना,

बड़ी बड़ी पर्वतशृंखलाएं,   बड़ी बड़ी नदियां व झीलें,

नब्बे फ़ीसदी से ज़्यादा,   इस के अलावा,   के नेतृत्व में,

स्नातक होने के बाद,   मातृभूमि की सेवा करना,   चीन के इतिहास में

3. 回答问题：

（क）

（1）हमारा देश कैसा है?

（2）क्या हमारे देश का क्षेत्रफल बहुत बड़ा है?

（3）चीन की आबादी कितनी है?

（4）चीन में कितने लोग हान जाति के हैं?

（5）क्या हान जाति और अल्पसंख्यक जातियां मेल से रहती हैं?

（6）क्या चीनी कम्युनिस्ट पार्टी चीन का नेतृत्व करती है?

（7）चीनी जनता का जीवन कैसा है?

（8）आप स्नातक होने के बाद क्या करेंगे?

(9) अब आप क्या कर रहे हैं?

(10) आप का भविष्य कैसा होगा?

(ख)

(1) तुम्हारे क्लास में कितने छात्र हैं?

(2) आप को क्या करने में दिलचस्पी है?

(3) कौन कौन लोग फ़ोटो खींच सकते हैं?

(4) तुम्हारे क्लास में कौन बांसुरी बजा सकता है?

4. 迅速说出下列动词现在时和过去时的各种构成形式：

बताना देना पीना गाना शुरू करना चाहना सकना

5. 翻译下面的词组：

(1) 容易的实验	(2) 有用的东西
(3) 开始喝酒	(4) 喜欢打乒乓球
(5) 能料理家务	(6) 党的领导
(7) 四点十分	(8) 三点五十分
(9) 两点三刻	(10) 七点十五分
(11) 准时来	(12) 请帮忙
(13) 在湖里游泳	(14) 互相爱护

6. 用所给词汇仿照例句对话：

—— आप कहां जा रहे हैं?

—— मैं पुस्तकालय में जा रहा हूं।

—— आप कब वापस आएंगे?

—— मैं छै बजने में दस मिनट वापस आऊंगा।

（1）बास्केटबाल खेलने के लिए सवा पांच बजे

（2）क्लास-रूम में पौने बारह बजे

（3）अपने घर साढ़े सात बजे

（4）वाचनालय में पांच बजकर बीस मिनट

（5）नहाने के लिए लगभग पांच बजे

7. 用适当的词和时态填空：

（1）मुझे हिन्दी पढ़ने में_____।

（2）उसे चाय पीना_____।

（3）कल इस समय आकाश में काले काले बादल नज़र_____।

（4）वह आप के साथ वहां जाना_____।

（5）हम ज़रूर उस से_____।

（6）हमें तैरने का_____।

（7）देखिये, वे लोग वहां फूल_____।

（8）वे लड़कियां कभी कभी मेरे घर_____।

8. 把过去进行时改为现在进行时：

（1）कल इस समय हम जंगल के सुन्दर दृश्य में मस्त हो रहे थे।

（2）मैं पुस्तकालय में पाठ दोहरा रही थी।

（3）लड़कियां खेल के मैदान में वालीबाल खेल रही थीं।

（4）कुछ लड़के पहाड़ पर चढ़ रहे थे।

（5）चिड़ियां आकाश में उड़ रही थीं।

（6）अध्यापक जी उस से बातें कर रहे थे।

（7）वे कहां चक्कर लगा रहे थे?

（8）वह अपनी माता जी का इन्तज़ार कर रहा था।

9. **翻译下面的句子：**

(क)

（1）我们的祖国是世界上最大的国家之一。

（2）俄罗斯的面积最大。

（3）农民在那肥沃的地里干活。

（4）印度的人口有十二亿。

（5）除小王以外我们都是团员。

（6）这些人在经理的带领下努力工作。

（7）我们中国青年的前途是光明的。

(ख)

（1）他们正在摘苹果。

（2）他在湖边散步。

（3）老师正在表扬他。

（4）明天我们将在湖里划船。

（5）我们都会说印地语。

（6）他们正在等您。

（7）你想跟我一起去吗？

10. **用适当的后置词填空：**

（1）उस________मदद करना मेरा कर्तव्य है।

（2）आनन्द जी हिन्दी साहित्य________निपुण हैं।

（3）विमला________हिन्दी________अंग्रेज़ी भी आती है।

（4）आप रामकुमार________माफ़ कीजिये।

（5）गौरैयां झाड़ियों________उड़ रही हैं।

（6）वह पेड़________फल तोड़ रहा है।

(7) वे लोग हिन्दी＿＿＿बातचीत कर रहे हैं।

(8) हम स्नान करने＿＿＿आप＿＿＿घर आएंगे।

11. 造句：
    （1）में से
    （2）के बराबर
    （3）लगभग
    （4）नेतृत्व करना
    （5）के नेतृत्व में
    （6）के अलावा
    （7）प्यार करना
    （8）सेवा करना
    （9）के बाद

12. 翻译下面的短文：

我们是中国的青年学生。我们的祖国幅员广大，地域辽阔，不仅有美丽的高山，宽广的大河，而且有肥沃的农田，所以我们都很热爱她。现在我们还是学生，我们一定要努力学习，毕业以后才能很好地为祖国工作。

13. 以 खेल-कूद 为题互相问答，并说一段话。

14. 阅读练习：

विश्व-नक़्शा

यह विश्व-नक़्शा है। विश्व में सात महाद्वीप हैं, जैसे एशिया, अफ़्रीका, युरोप, अमरीका और आस्ट्रेलिया वग़ैरह। और विश्व में पांच महासागर हैं, जैसे प्रशांत महासागर और अटलांटिक महासागर आदि।

यह एशिया है। एशिया सब से बड़ा महाद्वीप है। सब से ऊंचा पहाड़ हिमालय एशिया में है। एशिया में तीस से ज़्यादा देश हैं। हमारा देश भी

बाईसवां पाठ

एशिया में है। बेइजिंग हमारे देश की राजधानी है। हमारे देश का इतिहास बहुत पुराना है। लेकिन अफ़सोस की बात है कि अब वह बहुत ग़रीब है, विकसित नहीं है। इसलिए हमें समय नहीं गंवाना चाहिए। हमें विश्वास है कि पीढ़ी दर पीढ़ी के प्रयास से वह अमीर हो जाएगा।

युरोप वहां है। युरोप में भी बहुत देश हैं। युरोप के दक्षिण में अफ़्रीका है। और अमरीका अटलांटिक महासागर के पश्चिम में है।

महाद्वीप （阳）洲，大陆
एशिया （阳）亚洲
अफ़्रीका （阳）非洲
युरोप （阳）欧洲
अमरीका （阳）美洲
आस्ट्रेलिया （阳）澳洲
महासागर （阳）海洋，大洋
प्रशांत महासागर （阳）太平洋
अटलांटिक महासागर （阳）太西洋
तीस （数）三十
हिमालय （阳）喜马拉雅山

अफ़सोस （阳）遗憾，惋惜
ग़रीब （形）穷的，贫穷的
विकसित （形）发达的
गंवाना （及）浪费
विश्वास （阳）相信
हमें विश्वास है कि 我们相信……
पीढ़ी （阴）代，辈
पीढ़ी दर पीढ़ी 世世代代
प्रयास （阳）努力
अमीर （阳）富的
पश्चिम （阳）西方

总词汇表

अ

अंगूर	（阳）	葡萄	17
अंग्रेज़ी	（阴）	英语	12
अंडा	（阳）	蛋	15
अक्षर	（阳）	字母	14
अक्सर	（副）	经常	12
अख़बार	（阳）	报纸	9
अखरोट	（阳）	核桃	17
अच्छा	（形）	好的	4
अच्छी तरह		很好地，好好地	14
अत्यन्त	（副）	很，非常	16
अध्यक्ष	（阳）	主席，主任，校长	6
अध्यापक	（阳）	教师	6
अध्यापिका	（阴）	女教员	7
अनार	（阳）	石榴	17
अनुवाद	（阳）	翻译	14
--- करना	（及）	翻译	14
अनेक	（形）	多的，大量的	13
अपना	（代）	自己的	20

अब	（副）	现在	12
अबाबील	（阴）	燕子	21
अभी	（副）	现在，马上	14
अभ्यास	（阳）	练习	10
--- करना	（及）	做练习	14
--- कराना	（及）	使做练习	14
अमरीका	（阳）	美国	16
अरब	（数）	十亿	22
अरे	（感）	喂！啊呀！咳！	8
अर्थशास्त्र	（阳）	经济学	15
अलमारी	（阴）	柜子	15
अल्पसंख्यक	（形）	少数的	22
अस्पताल	（阳）	医院	9

आ

आकाश	（阳）	天空	20
आग	（阴）	火	11
आगा	（阳）	前部	1
आज	（副）	今天	2
आजकल	（副）	近来，这几天	22
आजन्म	（副）	终生	4
आठ	（数）	八	12
आठ बजे	（副）	八点钟	12
ऑडिया-विजुअल	（阳）	视听	8
आत्म	（形）	自己的	4
आत्मा	（阴）	灵魂	4
आदमी	（阳）	人	16

आदि	（副）	等等	12
आधा	（形）	一半的	3
आधुनिकीकरण	（阳）	现代化	22
--- करना		进行现代化建设	22
आनन्द	（人名）	安纳德	4
आनन्द	（阳）	幸福，快乐	11
(का) --- लेना	（及）	享受	21
आना	（不及）	懂得，会	19
आना	（不及）	来	3
आप	（代）	您	5
ऑपेरा	（阳）	歌剧	21
ऑफ़िस	（阳）	办公室，办事处	9
आबादी	（阴）	人口	22
आबोहवा	（阴）	气候	16
आराम	（阳）	休息	12
--- करना	（及）	休息	12
आलू	（阳）	土豆	15
आवाज़	（阴）	声音	20
आशा	（阴）	希望	22
--- होना	（不及）	希望	22
आसान	（形）	容易的	14

इ

इंगलैंड	（阳）	英国	16
इतिहास	（阳）	历史	12
इत्यादि	（副）	等等	13
इधर	（副）	这里	13

इधर-उधर	(副)	四处，到处	20
इन	代词	ये 与后置词连用的带后形式	15
इन्तज़ार	(阳)	等候	18
--- करना	(及)	等候	18
इमला	(阳)	听写	18
--- बोलना		（念）听写	18
--- लिखना		（写）听写	18
इमारत	(阴)	楼房	8
इस तरह का	(形)	这样的	20
इलेक्ट्रिक	(形)	电的	8
---आडिया-विजुअल-इमारत	(阴)	电化教学楼	8
इलाहाबाद	(地名)	阿拉哈巴德	16
इस	代词	यह 与后置词连用时的带后形式	12
इस पर		在这上面	13
इसलिए	(连)	因此，所以	14

उ

उच्चारण	(阳)	发音，语音	14
----करना	(及)	发音	14
उछल-कूद	(阴)	跳跃，蹦跳	20
उज्ज्वल	(形)	光明的	22
उठना	(不及)	起来，起立	9
उठने के बाद		起床以后	12
उठाना	(及)	举起，抬起	19
उड़ना	(不及)	飞，飞翔	20
उद्देश्य	(阳)	目的	9

उधार	（阳）	贷款，信贷	13
--- लेना		借入，借来	15
उन्हें		等于 उन को	19
उपजाऊ	（形）	肥沃的	22
उपन्यास	（阳）	长篇小说	6
उपयोगी	（形）	有用的	17
उसे		等于 उस को	19

ऊ

ऊंची कूद	（阴）	跳高	19
ऊपर	（副）	向上，往上	19

ए

एक	（数）	一	4
एक साथ		一起	4
एक दूसरे		互相，彼此	18
एकता	（阴）	团结	18
एकाएक	（副）	突然，忽然	4

ऐ

ऐनक	（阳）	眼镜	4

ओ

ओहो	（感）	啊！呀！	8

औ

और	（连）	和	8
और	（副）	还，更	14

क

कई	（数）	几，几个	17
ककड़ी	（阴）	黄瓜	15

कक्षा	（阴）	课，年级；班，教室	8
कच्चा	（形）	生的	4
कपड़ा	（阳）	布，衣服	9
कब	（副）	何时，什么时候	10
कभी	（副）	有时	12
कभी...कभी		有时……有时……	16
कम	（形）	少的	17
कमर	（阴）	腰	10
कमरा	（阳）	房间	10
कमीज़	（阴）	衬衣	13
कम्युनिस्ट	（形）	共产党的	22
	（阳）	共产党人	22
करना	（及）	做，作	5
कराना	（及）	让做，使做	14
करोड़	（数）	千万	22
कर्त्तव्य	（阳）	义务，责任	18
कर्ता	（阳）	工作者	7
कर्मचारी	（阳）	职员，工作人员	10
कल	（副）	昨天；明天	20
क़लमदान	（阳）	笔盒	20
कलकत्ता	（地名）	加尔各答	18
क़लम	（阴）	钢笔	11
कला	（阴）	艺术	21
कलाकार	（阳）	艺术家	21
कश्मीर	（地名）	克什米尔	16
कसरत	（阴）	体操	10

--- करना	（及）	做体操	12
कहना	（及）	说，讲；称作	14
कहां	（副）	哪儿，在哪儿	12
कहानी	（阴）	故事，短篇小说	6
कहीं	（副）	在某处	16
कहीं नहीं		从不，绝不	16
का	（后）	通常表示所属关系、种类等	1
काका	（阳）	叔父，伯父	1
काकी	（阴）	婶母，伯母	2
क़ाग़ज़	（阳）	纸；文件	14
कानून	（阳）	法律	15
कापी	（阴）	笔记本，练习本	14
काफ़ी	（阴）	咖啡	12
काम	（阳）	工作	5
--- करना	（及）	做事，做工作	5
कारख़ाना	（阳）	工厂	16
कार्यक्रम	（阳）	工作程序；计划	12
काला	（形）	黑的，暗的	17
कॉलेज	（阳）	学院	9
किंडरगार्टन	（阳）	幼儿园	18
कितना	（副）	多么，多少	9
किला	（阳）	城堡，堡垒	16
किशमिश	（阳）	葡萄干	17
किस	（代）	疑问代词单数 कौन 与后置词连用时的带后形式	11
किसान	（阳）	农民	6

कुछ	(形)	一些，某些	4
कुर्सी	(阴)	椅子	6
कुल	(形)	全部的，整个的	13
कुश्ती	(阴)	摔跤	19
कूकुङ-अजायब-घर	(阳)	故宫博物馆	16
कृपा	(阴)	恩惠	18
कृपा करके		劳驾，请	18
कृषि	(阴)	农业	8
केंद्र	(阳)	中心	22
के अलावा	(后)	除……以外，此外	14
के ऊपर	(后)	在……上面	13
केक	(阳)	糕点	12
के किनारे	(后)	在……岸上 在……岸边	16
के नीचे	(后)	在……下面	13
के नेतृत्व में	(后)	在……的领导下	22
के पास	(后)	在……旁边，在……附近	19
के बराबर	(后)	与……相当，和……一样	22
के बाद	(后)	……以后	17
के बारे में	(后)	关于	14
के बीच	(后)	在……之间	20
के यहां	(后)	在……处，在……那里	18
केला	(阳)	香蕉	6
के लिए	(后)	为了	14
के साथ	(后)	与……一起	16
कैंपस	(阳)	校园，大学	14
कै	(形)	多少	15

कैलेंडर	(阳)	日历	13
कैसा	(形)	什么样的	10
कोई	(代)	某一个，任何一个	9
कोट	(阳)	外套，大衣	13
कोशिश	(阴)	努力，试图，企图	22
--- करना	(及)	努力，试图，企图	22
कौन	(代)	谁，哪一个	10
कौवा	(阳)	乌鸦	20
क्या	(副)	什么	9
क्योंकि	(连)	因为	17
क्रिया	(阴)	行为；动词	7
क्रांतिकारी	(形)	革命的	22
	(阳)	革命者	22
क्लास	(阳)	课，年级，班，教室	14
क्लास-रूम	(阳)	教室	14
क्षेत्रफल	(阳)	面积	22

ख

खटमीठा	(形)	酸甜的	17
खड़ा	(形)	站立的	19
--- होना	(不及)	站立	19
ख़तम	(形)	结束了的，完成了的	16
ख़रगोश	(阳)	兔子	20
ख़रीदना	(及)	买	15
खाई	(阴)	沟，壕沟	2
खाना	(阳)	食物，饭菜	3
खाना	(及)	吃	3

खिड़की	（阴）	窗户	13
खिलाड़ी	（阳）	运动员	21
खींचना	（及）	描绘，摄影	21
खुशी	（阴）	高兴，愉快	21
खुशी से		高兴地，愉快地	21
खूंटी	（阴）	衣架；挂钉	13
ख़ूब	（副）	很，甚；好好地	9
खेत	（阳）	田地，耕地	22
खेती	（阴）	农事，农业	18
--- का काम	（阳）	农事，农业	18
खेल	（阳）	游戏，娱乐，运动	21
खेल-कूद	（阳）	游戏，体育运动	17
खेलना	（不及）	游戏，娱乐	16
	（及）	玩（球，牌等）	16

ग

गर्मी	（阴）	热，炎热；夏天	19
गली	（阴）	胡同，小巷	18
गांव	（阳）	乡村，农村	6
गाजर	（阴）	胡萝卜	15
गाना	（阳）	歌，歌曲	3
गाना	（及）	唱，唱歌	3
गाय	（阴）	母牛	10
गायक	（阳）	歌唱家；歌手	21
गिटार	（阳）	吉他	21
गिद्ध	（阳）	兀鹰	20
गिलहरी	（阴）	松鼠	20

गृहस्थी	(阴)	家务	12
गोंद	(阳)	胶水	17
गोदान		《戈丹》（小说名）	18
गोभी	(阴)	白菜	15
गौरव	(阳)	光荣，名誉	22
गौरैया	(阴)	麻雀	20
ग्यारह	(数)	十一	15
ग्राहक	(阳)	顾客，买主	17

घ

घड़ी	(阴)	钟，手表	10
घनिष्ठ	(形)	亲密的	7
घर	(阳)	房屋，住宅；家	10
घर ले जाना		带回家	18
घास	(阳)	草，青草	20
घी	(阳)	酥油	2
घूमना	(不及)	散步	12
घोड़ा	(阳)	马	20

च

चक्कर	(阳)	转，旋转，绕行	20
--- लगाना	(及)	转，旋转，散步	20
चढ़ना	(不及)	攀登；爬上	16
चरना	(及)	（牲畜）吃青草	20
चलना	(不及)	行走，动身	5
चलना	(不及)	（风）刮	20
चलाना	(及)	使移动，开动	16
चहल-पहल	(阴)	喧闹；热闹	16

चाक	（阳）	粉笔	14
चाचा	（阳）	叔父，伯父	2
चाची	（阴）	婶母，伯母	2
चादर	（阴）	被单，床单	13
चाय	（阴）	茶	5
चार	（数）	四	13
चारों	（数）	四，四个	21
चाव	（阳）	愿望，渴望；愉快	5
चाहना	（及）	希望，想要	16
चिट्ठी	（阴）	信	18
चिड़िया	（阴）	鸟，小鸟	20
चित्र	（阳）	图画，肖像，照片	11
चीं चीं	（阴）	鸟鸣声	20
चीं-चीं बोलना		鸟叫	20
चीज़	（阴）	物品，东西	13
चीन	（阳）	中国	9
चीनी	（形）	中国的	
	（阳）	中国人	
	（阴）	汉语	3

छ

छाज	（阳）	簸箕	2
छात्र	（阳）	学生	6
छात्रा	（阴）	女学生	7
छात्रावास	（阳）	学生宿舍	6
छापना	（及）	印刷，洗印（照片）	21
छुट्टी	（阴）	空闲时间；假期	22

छै	（数）	六	15
छै बजे	（副）	六点钟	13
छोटा	（形）	小的	13
छोटा-मोटा	（形）	小的，不重要的	17
छोटी बहन	（阴）	妹妹	12
छोड़ना	（及）	抛，丢，投	19

ज

जंगल	（阳）	树林，森林	20
जगह	（阴）	地方，地点	16
जब	（副）	当……的时候，正在……的时候	16
ज़मीन	（阴）	土地，田地	20
ज़रा	（副）	少，很少	16
ज़रूर	（副）	必须，一定	16
ज़रूरी	（形）	必要的	17
जर्मनी	（阳）	德国	16
जल्दी	（副）	快速地	8
जल्दी	（副）	早，快	12
जवाब	（阳）	回答，答复	12
--- देना	（及）	回答	14
जांच-पड़ताल	（阴）	调查，检查，考察	22
--- करना	（及）	调查，检查，考察	22
जाति	（阴）	民族	22
जादू	（阳）	魔术	21
जादूगर	（阳）	魔术师	21
जाना	（不及）	去	3

जानना	（及）	知道，理解	19
जापान	（阳）	日本	16
जिमनास्टिक	（阳）	体操	19
जी	（阳）	先生	2
जी नहीं		不，不是（否定）	9
जीव	（阳）	生物	20
जीवन	（阳）	生活	21
जी हां		是，是的（肯定）	9
जूता	（阳）	鞋	3
जैसे	（关）	正如，如是	15
ज़ोर	（阳）	力量，精力	14
ज़ोर से		用力地	14
ज्ञान	（阳）	知识	7
ज़्यादा	（形）	多的，更多的	22

झ

झंडा	（阳）	旗帜	9
झगड़ा	（阳）	争吵	13
झाड़ी	（阴）	树丛，小树丛	20
झिझक	（阴）	犹豫	2
झील	（阴）	湖	16
झेंपना	（不及）	害羞，难为情	14

ट

टमाटर	（阳）	西红柿	15
टांगना	（及）	挂	13
टार्च	（阴）	手电筒	17
टिकट	（阳）	票，入场券	19

टूथपेस्ट	(阳)	牙膏	13
टूथब्रश	(阳)	牙刷	13
टेनिस	(阳)	网球	19
टेबुलटेनिस	(阳)	乒乓球	19
टेलीविज़न	(阳)	电视	12
टैक्सी	(阴)	出租汽车	18
टोकियो	(地名)	东京	16
टोपी	(阴)	帽子	13
ट्राम	(阴)	电车	7
ट्रालीबस	(阴)	无轨电车	18

ठ

ठहरना	(不及)	停留	16
ठीक	(形)	正确的	14
ठीक समय पर		准时	18

ड

डंड-बैठक	(阳)	俯卧撑	12
--- लगाना	(及)	做俯卧撑	12
डाक	(阳)	邮件，信件，邮政	19
डाकख़ाना	(阳)	邮局	19
डाकिया	(阳)	邮递员	18
डालना	(及)	放，放入	19
डिस्को	(阳)	迪斯科	21
डेढ़	(数)	一又二分之一	15
ड्राइवर	(阳)	驾驶员	18

ढ

ढाई	(数)	二又二分之一	15

ढूंढ़ना	(及)	寻找	18

त

तक	(后)	到，到达	16
तकलीफ़	(阴)	痛苦，不安	18
को---देना	(及)	使不安，麻烦	18
तकिया	(阳)	枕头	13
तथा	(连)	和，同	3
तन्दुरुस्त	(形)	健康的	19
तब	(副，关)	那时，当时	12
तबला	(阳)	手鼓	21
तरबूज़	(阳)	西瓜	17
तरह	(阴)	种类，样式	17
तरह तरह की		各种各样的	15
तलवार	(阴)	剑，宝剑	5
तस्वीर	(阴)	画，画像	10
तार	(阳)	电报	19
तार-घर	(阳)	电报局	19
तारीफ़	(阴)	赞美，颂扬	19
--- करना	(及)	赞美，颂扬	19
तालाब	(阳)	湖，水池，水塘	20
ताली	(阴)	鼓掌，拍手	21
--- बजाना	(及)	鼓掌，拍手	21
ताश	(阳)	扑克牌	21
तितली	(阴)	蝴蝶	20
तीन	(数)	三	13
तीनों	(数)	仨，三个	21

तुम	（代）	你，你们	4
तू	（代）	你	3
तेईस	（数）	二十三	21
तैयारी	（阴）	准备	14
--- करना	（及）	准备	14
तैरना	（不及）	游泳	8
तो	（关）	那时，当时	16
तो	（小品）	用以加强前面的语气	17
तोड़ना	（及）	摘，采摘；折断	20
तोता	（阳）	鹦鹉	20
तौलिया	（阳）	毛巾	13
त्रिवेणी	（阴）	三条河的汇合处	16

थ

थकना	（不及）	疲倦，疲劳	3
थका	（形）	疲劳的，疲倦的	3
थोड़ा	（形）	少的	20

द

दफ़्तर	（阳）	办公室	5
दराज़	（阴）	抽屉	13
दर्शक	（阳）	观众	21
दर्शनशास्त्र	（阳）	哲学	15
दवात	（阴）	墨水瓶	14
दस बजे	（副）	十点钟	12
दादा	（阳）	祖父	3
दादी	（阴）	祖母	3
दाम	（阳）	价格，价钱	15

दिन	(阳)	日，白昼	13
दियासलाई	(阴)	火柴	17
दिलचस्पी	(阴)	兴趣	21
दिल्ली	(阴)	德里	21
दीवार	(阴)	墙	13
दुकान	(阴)	商店	14
दुनिया	(阴)	世界	22
दूध	(阳)	牛奶	3
दूसरा	(形)	第二，其他的	8
दूसरी जगह		其他地方，别的地方	16
दृश्य	(阳)	景色，景象	16
देखना	(及)	看	12
देना	(及)	给	5
देश	(阳)	国家	9
दैनिक	(形)	白天的；每日的	12
दो	(数)	二	5
दोनों	(数)	俩，两个	10
दोस्त	(阳)	朋友	8
दोहराना	(及)	复习	17
दौड़ना	(不及)	跑，跑步	12
द्वीप	(阳)	岛屿	9

ध

धन्यवाद	(阳)	感谢，谢意	22
	(感)	谢谢	22
धागा	(阳)	线	17
धीरे-धीरे	(副)	慢慢地	20

धोना	（及）	洗	12
ध्यान	（阳）	注意，注意力	14
ध्यान से		注意地，用心地	14

न

न	（副）	不	5
नक़्ल	（阴）	抄写	14
--- करना		抄写	14
नक़्शा	（阳）	地图	9
नज़र	（阴）	目光，视线	20
--- आना		被看见，出现	20
नदी	（阴）	河流	3
नब्बे	（数）	九十	22
नमस्कार	（阳）	您好！再见！	8
नर्तक	（阳）	舞蹈家	21
नर्स	（阴）	护士	7
न सिर्फ़…बल्कि…	（连）	不仅……而且……	19
नहाना	（及）	洗澡，沐浴	12
नहीं	（副）	不，未，没有	7
नाच	（阳）	舞蹈	12
नाच-गाना	（阳）	歌舞	3
नाचना	（不及）	跳舞	3
नाटक	（阳）	戏剧	16
नाना	（阳）	外祖父	3
नानी	（阴）	外祖母	3
नाव	（阴）	船，小船	10
नाशपाती	（阴）	梨	17

नाश्ता	（阳）	早点，早饭	12
--- करना		吃早点，吃早饭	12
निपुण	（形）	灵巧的，熟练的	21
नीचे	（副）	在下面，在下部	19
नीलगाय	（阴）	羚羊	20
नीला	（形）	蓝的，蓝色的	17
नुक्सानदेह	（形）	有害的	17
नेतृत्व	（阳）	领导	8
नोट	（阳）	笔记，记录	14
--- करना		作笔记，记录	14
नौ	（数）	九	5
नौजवान	（形）	年轻的	7
	（阳）	青年	7
न्यू यार्क	（地名）	纽约	16

प

पक्का	（形）	熟的，成熟的	4
पच्चीस	（数）	二十五	15
पढ़ना	（及）	念，阅读，学习	9
पढ़ाई	（阴）	学习，功课，教学	15
पढ़ाना	（及）	教，教学	15
पता	（阳）	地址	12
पत्ती	（阴）	小叶子	20
पत्नी	（阴）	妻子	18
पत्र	（阳）	书信	19
पत्रिका	（阴）	杂志	14
पर	（后）	在……上，在……上面	14

परसों	（副）	前天；后天	16
परिवार	（阳）	家庭，家族，亲属	18
पर्वतशृंखला	（阴）	山，山脉	22
पलंग	（阳）	床，床位	13
पश्चिमी	（形）	西方的	15
पसंद	（形）	喜欢的，称心的	19
पहले	（副）	以前，从前；起初，首先	16
पहाड़ी	（阴）	小山	16
पांच	（数）	五	14
पांचों	（数）	五，五个	21
पाठ	（阳）	课程，课文	7
पानी	（阳）	水	4
पार्टी	（阴）	政党，党	22
पार्सल	（阴）	小包，包裹	18
पालक	（阳）	菠菜	15
पिता	（阳）	父亲	4
पिन	（阳）	别针，大头针	17
पीना	（及）	喝	4
पीला	（形）	黄的，黄色的	17
पुराना	（形）	古的，古老的；旧的	18
पुस्कालय	（阳）	图书馆	8
पूछना	（及）	问，询问	4
पूरा	（形）	全部的，完全的	22
पूर्वी	（形）	东方的	15
पैंसिल	（阴）	铅笔	14
पेड़	（阳）	树，树木	20

पैर	（阳）	脚	19
पैरिस	（地名）	巴黎	16
पैरेलर बार	（阳）	双杠	19
पौन	（数）	四分之三	15
पौने	（数）	差四分之一，差一刻	15
प्यानो	（阳）	钢琴	21
प्यार	（阳）	爱	22
प्यार करना		爱，抚爱，热爱	22
प्रतियोगिता	（阴）	比赛，竞赛	19
प्रबंध	（阳）	管理，组织，安排	17
प्रयोग-क्रिया	（阳）	实验，试验	15
प्रयोगशाला	（阴）	实验室	15
प्राइमरी-स्कूल	（阳）	小学	12
प्राकृतिक	（形）	自然的	20
प्रेमचन्द	（人名）	普列姆昌德	18
प्रोग्राम	（阳）	计划，大纲	14
प्रोग्राम	（阳）	节目	21

फ

फफकना	（不及）	嚎啕大哭	4
फल	（阳）	水果	5
फांदना	（及）	跳过，越过	17
फिर	（副）	重新，再；然后	12
फिर भी		仍然；但是	16
फ़िल्म	（阴）	电影	8
फ़ीसदी	（数）	百分之	22
फ़ुटबाल	（阳）	足球	17

फूफा	（阳）	姑父	18
फूल	（阳）	花，鲜花	20
फेंकना	（及）	投，掷，丢	19
फ़ैसला	（阳）	决定	5
फ़ैसला करना		作出决定，决定	5
फ़ोटो	（阳）	照片，相片	16
फ़ोटो लेना		拍照	16
फ़्रांस	（阳）	法国	16

ब

बंदर	（阳）	猴子	20
बकरा	（阳）	山羊	20
बच्चा	（阳）	小孩，婴儿	4
बजा		……点钟（单数）	15
बजाना	（及）	弹奏；敲（钟），击（鼓）	21
बजे		点钟（复数）	12
बड़ा	（形）	大的	8
बढ़िया	（形）	精美的，优质的	10
बताना	（及）	说，告诉	4
बनाना	（及）	做，制造；生产	21
बम्बई	（地名）	孟买	18
बराबर	（形）	相等的，相同的，同样的	22
बराम्दा	（阳）	走廊，阳台	16
बस	（阴）	公共汽车	18
बस	（副）	够啦；足够啦	17
बहन	（阴）	姐妹	14
बहनोई	（阳）	姐夫，妹夫	18

बहुत	（形）	很多的，充分的	8
बहुत	（副）	很，非常	11
बांटना	（及）	分；分发	18
बांसुरी	（阴）	笛子	21
बाकी	（形）	其余的，剩余的	16
बाजा	（阳）	乐器	21
बात	（阴）	话，言语；事情	4
बातचीत	（阴）	谈话，交谈；会谈	12
बादल	（阳）	云，云彩	20
बाबू	（阳）	先生，老爷	19
बारह	（数）	十二	15
बालपेंन	（阴）	圆珠笔	14
बास्केटबाल	（阳）	篮球	17
बाहर	（副）	在……之外，在外面	12
बिकना	（不及）	卖，出售	17
बिताना	（及）	度过	16
बिल्कुल	（副）	完全，根本	20
बिस्कुट	（阳）	饼干	12
बिस्तर	（阳）	床铺；被褥	13
बीज	（阳）	种子	17
बीस	（数）	二十	15
बुआ	（阴）	姑母	7
बुद्धिमान	（形）	聪明的	11
बेइजिंग	（地名）	北京	8
बेइजिंग ऑपेरा	（阳）	京剧	21
बेइहाई पार्क	（地名）	北海公园	16

बेचना	(及)	出售，卖	17
बेटी	(阴)	女儿	11
बैटरी	(阴)	电池	17
बैठना	(不及)	坐	13
बैडमिंटन	(阳)	羽毛球	17
बोर्ड	(阳)	黑板	14
बोलना	(不及，及)	说，讲	14

भ

भतीजा	(阳)	侄儿	4
भतीजी	(阴)	侄女	4
भनभनाना	(不及)	（昆虫）嗡嗡叫	20
भविष्य	(阳)	将来，未来；前途	22
भाई	(阳)	兄弟	4
भाभी	(阴)	嫂嫂	18
भारत	(阳)	印度	19
भारतीय	(形)	印度的	7
भारतीय	(阳)	印度人	7
भाषा	(阴)	语言	8
भी	(语气)	同样，敢	8
भीड़	(阴)	人群，拥挤	17
भूविद्या	(阳)	地质学	15
भेजना	(及)	送往，派遣	19
भोजनालय	(阳)	餐厅	15

म

मक्खन	(阳)	黄油	12
मगर	(连)	但是	16

मछली	(阴)	鱼	8
मज़दूर	(阳)	工人	6
मज़ा	(阳)	高兴，满意，满足	20
मत	(副)	不要，别	5
मदद	(阴)	帮助	18
मदद देना	(及)	帮助	18
मद्रास	(地名)	马德拉斯	17
मधुमक्खी	(阴)	蜜蜂	20
मनोविज्ञान	(阳)	心理学	15
मर्म	(阳)	本质；要害	7
मस्त	(形)	陶醉于……的，沉醉于……的	20
महंगा	(形)	贵的，昂贵的	17
महत्वपूर्ण	(形)	重要的，具有重要意义的	22
महान्	(形)	大的，伟大的	9
महिला	(阴)	妇女	7
महीना	(阳)	月	16
मांस	(阳)	肉	12
माता	(阴)	母亲	4
मातृभूमि	(阴)	祖国	22
माफ़	(形)	原谅的，谅解的	20
माफ़ करना		原谅，谅解	20
मामा	(阳)	舅舅	18
मामी	(阴)	舅母	18
माल	(阳)	商品，货物	17
मालूम	(形)	知晓的，知道的	22

मालूम करना	（及）	弄明白	22
मास्को	（地名）	莫斯科	16
मिट्टी	（阴）	土地，泥土，土壤	8
मिठाई	（阴）	甜食，糖果	12
मिडिल-स्कूल	（阳）	中等学校，中学	12
मित्र	（阳）	朋友	7
मिनट	（阳）	分钟，分	15
मिलना	（不及）	得到，获得，买到	15
मीठा	（形）	甜的	17
मुंह	（阳）	脸，嘴，口	12
मुश्किल	（形）	困难的	14
मुश्किल	（阴）	困难，艰难	14
मुस्कराना	（不及）	微笑	14
मुहल्ला	（阳）	（城市的）区，街区	18
मूंगफली	（阴）	花生	17
मूर्ति	（阴）	雕像，偶像	21
मूली	（阴）	萝卜	15
में	（后）	在……里面	8
मेज़	（阴）	桌子	6
मेरा		我的（修饰阳性单数名词）	13
मेरे साथ		与我一起，跟我在一起	16
मेल से		和睦地，友好地	13
मेवा	（阳）	干果	17
मेहनत	（阴）	劳动，劳作	13
मेहनत से		努力地	13
मैं	（代）	我	7

मैदान	（阳）	广场	18
मैनेजर	（阳）	经理	17
मोटर-साइकिल	（阴）	摩托车	16
मोर	（阳）	孔雀	20
मौसा	（阳）	姨夫	18
मौसी	（阴）	姨母	18

य

यमुना	（阴）	朱木纳河	16
यह	（代）	他，她，它；这个	6
यहां	（副）	这里	13
या	（连）	或，或者	18
यात्रा	（阴）	旅行，访问	16
यात्रा करना	（及）	旅行，访问	16
यानी	（副）	亦即，就是说	18
यार	（阳）	朋友，伙伴	18
युद्ध	（阳）	战争	9
यूनिवर्सिटी	（阴）	大学	8
युवती	（阴）	姑娘，女青年	6
यूथ लीग	（阳）	青年团	13
येनआन	（地名）	延安	22
ये	（代）	他们，她们，它们；这些	7
योरप	（阳）	欧洲	22

र

रंग	（阳）	颜色	20
रंग-बिरंगा	（形）	色彩缤纷的，各式各样的，形形色色的	17

रंगीन	（形）	染了色的，彩色的	11
रखना	（及）	安置，放，搁	13
रज़ाई	（阴）	棉被	13
रजिस्टर	（阳）	登记簿	18
रस्सी	（阴）	绳子	17
रहना	（不及）	居住，停留	13
राज्य	（阳）	国家，统治	22
रात	（阴）	夜，夜晚	12
रात को		在夜晚	12
रात्रि	（阴）	夜，夜晚	21
रात्रि-समारोह	（阳）	晚会	21
रुपया	（阳）	卢比	20
रूम	（阳）	房间	14
रूमाल	（阳）	手帕	13
रेल-गाड़ी	（阴）	火车	16
रेलवे-स्टेशन	（阳）	火车站	18
रोज़	（副）	一天，每天	12
रोटी	（阴）	烙饼，面包	12
रोशनीदार	（形）	光亮的，光线充足的	13

ल

लंदन	（地名）	伦敦	16
लंबी-कूद	（阴）	跳远	19
लंगोटिया यार	（阳）	幼年的朋友，孩提时代的朋友	18
लखनऊ	（地名）	勒克瑙	18
लगना	（不及）	感觉到，觉得	17

लगना	（不及）	贴，附加，需要	19
लगभग	（副）	大约	10
लगाना	（及）	贴；安上，装上	19
लड़का	（阳）	男孩	10
लड़की	（阴）	女孩	10
लड़ना	（不及，及）	战斗；比赛，竞赛	19
लम्बा	（形）	长的	8
लाना	（及）	带，带来	5
लाल	（形）	红色的	9
लाल-किला	（地名）	红堡	16
लिखना	（及）	写	14
लिफ़ाफ़ा	（阳）	信封	13
लेकिन	（连）	但是	7
लेखक	（阳）	作者，作家	18
लेटर-बक्स	（阳）	邮筒，邮箱	19
लेना	（及）	拿，取，带走	5
लोकगीत	（阳）	民歌	21
लोग	（阳）	人，人们	5
लोमड़ी	（阴）	狐狸	20

व

व	（连）	和，同	15
वग़ैरह	（副）	等等	13
वज़न	（阳）	重，重量	19
वह	（代）	他，她，它；那个	6
वहां	（副）	那里	16
वाओलीन	（阳）	小提琴	21

वाक्य	(阳)	句子	14
वाक्यांश	(阳)	短语	14
वाचनालय	(阳)	阅览室	15
वापस	(副)	返回，回来	12
वापस आना	(不及)	回来	12
वापस करना	(及)	还，归还	18
वाराणसी	(地名)	瓦腊纳西	10
वालीबाल	(阳)	排球	19
वाशबेसिन	(阳)	脸盆	14
वाशिंगटन	(地名)	华盛顿	16
वाहवाही	(阴)	赞美，喝彩	14
वाहवाही करना	(及)	赞美，喝彩	14
विदूषक	(阳)	丑角	21
विदेश-यात्रा	(阴)	在外国旅游，访问外国	16
विभाग	(阳)	部门，部，系，科	11
विशेषज्ञ	(阳)	专家	10
विश्व-नक्शा	(阳)	世界地图	9
विश्वविद्यालय	(阳)	大学	12
विषय	(阳)	科目，内容	12
विस्तृत	(形)	宽广的，巨大的	22
वीणा	(阴)	维纳琴（印度的一种弦琴）	21
वे	(代)	他们，她们，它们；那些	7
व्याकरण	(阳)	语法	8
व्यायामशाला	(阴)	体育馆	15

श

शतरंज	(阴)	棋	21

शब्द	（阳）	词；话语	14
शराब	（阴）	酒	17
शहर	（阳）	城市	6
शॉपिंग	（阴）	买东西	20
शाम	（阴）	傍晚	12
शाम को		在傍晚	12
शिशुशाला	（阴）	托儿所	18
शीर्षासन	（阳）	倒立	19
शुक्रिया	（阳）	感谢；谢谢	9
शुरू	（阳）	开始	16
शुरू करना	（及）	开始	16
शुरू होना	（不及）	开始	16
शौक	（阳）	强烈的愿望，兴趣，爱好	19
श्रमिक	（形）	劳动的	7
श्रमिक	（阳）	劳动者	7
श्रेष्ठ	（形）	优秀的	11

स

संगमरमर	（阳）	大理石	16
संगीत	（阳）	音乐；音乐演奏会	12
संगीतकार	（阳）	音乐家	21
संज्ञा	（阳）	名词	8
संतरा	（阳）	橘子	17
संदूक	（阳）	箱子	13
संबंध	（阳）	联系，关系	11
संभालना	（及）	控制；担负；管理	18
सकना	（不及）	能；能够	21

सच	（形）	真的，真实的	16
सदस्य	（阳）	成员	13
सफल	（形）	成功的	21
सफल होना	（不及）	成功，达到目的	22
सफ़ेद	（形）	白的，白色的	17
सब	（形）	所有的，全体的	7
सब तरह के(की)		各种各样的	17
सब्ज़ी	（阴）	蔬菜	15
सभी	（形）	全部的，所有的	16
समझना	（不及）	理解，明白	16
समझाना	（及）	解释，讲解	14
समय	（阳）	时间	14
समर-पैलेस	（阳）	颐和园	16
समाजवादी	（形）	社会主义的	9
समाजवादी	（阳）	社会主义者	9
समारोह	（阳）	集会，大会	21
समुद्री	（形）	海洋的，航海的	20
सरसर	（阳）	沙沙声	20
सरसर की आवाज़ करना	（及）	发出沙沙声	20
सर्दी	（阴）	冷，寒冷；冬天	19
सवा	（数）	加四分之一，加一刻	15
सवाल	（阳）	问题	12
सवाल पूछना	（及）	提出问题	14
सस्ता	（形）	便宜的，廉价的	15
सहपाठी	（阳）	同学	10

258

सा	（后缀）	很，非常	17
साइकिल	（阴）	自行车	19
सात	（数）	七	13
साथ-साथ	（副）	一起，一道	12
साढ़े	（数）	加二分之一，加一半	15
साफ़-सुथरा	（形）	干净的，清洁的	13
साबुन	（阳）	肥皂	13
सामाजिक	（形）	社会的	22
सामूहिक	（形）	集体的	18
साहित्य	（阳）	文学	14
सिग्रेट	（阴）	香烟	17
सिगार	（阳）	雪茄烟	17
सितार	（阳）	（印度的）七弦琴	21
सिनेमा	（阳）	电影	12
सिर	（阳）	头	19
सिर्फ़	（副）	仅仅，只有	12
सीखना	（及）	学习	14
सीधे	（副）	笔直地，直接地	22
सुई	（阴）	针	17
सुखमय	（形）	幸福的	22
सुनना	（及）	听	12
सुनाना	（及）	讲述，叙述	14
सुन्दर	（形）	美丽的，漂亮的	6
सुबह	（副）	在早晨	12
सुहावना	（形）	美丽的，令人愉快的	20
सूचीपत्र	（阳）	目录	18

सूर्यमुखी	（阴）	向日葵	17
से	（后）	用以构成状语	14
से	（后）	用以表示工具	14
से	（后）	用以表示连接	
सेना	（阴）	军队	18
सेब	（阳）	苹果	17
सेवा	（阴）	服务	22
सेवा करना	（及）	服务	22
सैकड़ा	（数）	很多，成百上千	16
सैनिक	（阳）	士兵	6
सैर	（阳）	旅行	16
सैर करना	（及）	旅行	16
सैर-सपाटा	（阳）	旅行	16
सैर-सपाटा करना	（及）	旅行	16
सोना	（不及）	睡，睡觉	12
स्की	（阳）	滑雪	19
स्की करना	（及）	滑雪	19
स्कूटर	（阴）	三轮摩托车	18
स्केटिंग	（阳）	滑冰	19
स्केटिंग करना	（及）	滑冰	19
स्थिति	（阴）	情况	22
स्नातक	（阳）	大学毕业生	22
स्नातक होना	（不及）	大学毕业	22
स्नान	（阳）	沐浴，洗澡	16
स्नान करना	（及）	沐浴，洗澡	16
स्याही	（阴）	墨水	17

स्लीपर	（阳）	拖鞋	13
स्वयं	（副）	自己	21
स्वार्थी	（形）	自私自利的	7
स्वास्थ्य	（阳）	健康	17

ह

हंस	（阳）	天鹅	20
हंसना	（不及）	笑	13
हंसी-मज़ाक	（阳）	玩笑	21
हंसी-मज़ाक कराना		开玩笑	21
हफ़्ता	（阳）	周，星期	16
हम	（代）	我们	7
हमारा		我们的（修饰阳性单数无后名词）	9
हमारी		我们的（修饰阴性名词）	13
हमारे		我们的（修饰阳性复数或单复数带后名词）	13
हमेशा	（副）	经常，时常	18
हरा	（形）	绿色的	17
हर्ज़	（阳）	伤害	20
हवा	（阴）	空气；风	20
हवाई	（形）	空中的，航空的	19
हवाई-जहाज़	（阳）	飞机	16
हवादार	（形）	通风的，空气流通的	13
हां	（副）	对，是（肯定）	9
हाई-स्कूल	（阳）	中学，高中	18
हाकी	（阳）	曲棍球	19
हाथ	（阳）	手	10

हाथी	(阳)	大象	20
हान-जाति	(阴)	汉族	22
हास्यवार्ता	(阴)	相声	21
हिन्दी	(阴)	印地语	9
हिलना	(不及)	摇动，摆动	20
ही	(语气)	表示加强、着重或限制	8
हेलो	(感)	喂	22
हैण्डबाल	(阳)	手球	19
होना	(不及)	是，有，存在	6
होराइजनल बार	(阳)	单杠	19
ह्रास	(阳)	减少	9
ह्वेल	(阴)	鲸	9